浙江中医临床名家 肖鲁伟

总主编 方剑乔

童培建 主编

科学出版社

北京

内 容 简 介

　　本书是"浙江中医临床名家"丛书之一，介绍了浙江名医肖鲁伟。肖鲁伟教授是首届全国名老中医，全国老中医药专家学术经验继承工作指导老师，中医药传承博士后合作导师，浙江省国医名师、博士研究生导师。本书共分六章：中医萌芽、名师指引、声名鹊起、高超医术、学术思想、桃李天下。本书阐述了肖鲁伟教授的从医之路，着重围绕骨伤疾病论述其学术思想与临床经验，涉及腰痛、股骨头坏死、骨性关节炎、骨质疏松症、颈椎病、强直性脊柱炎等骨伤疾病，以及肿瘤性低磷骨软化症、股骨远端表皮样囊肿等骨伤疑难杂病。同时本书还介绍了肖鲁伟教授在"髓系骨病"理论体系构建、传统骨伤技术创新、中医手术学发展以及中医人才培养方面所做的工作与成就。

　　本书可供中医临床、科研工作者及在校学生阅读使用，也可供中医爱好者参考。

图书在版编目（CIP）数据

浙江中医临床名家·肖鲁伟 / 方剑乔总主编；童培建主编. —北京：科学出版社，2019.8
　　ISBN 978-7-03-062121-4

　Ⅰ.①浙… Ⅱ.①方… ②童… Ⅲ.①肖鲁伟-生平事迹 ②中医伤科学-中医临床-经验-中国-现代　Ⅳ.①K826.2②R274

中国版本图书馆CIP数据核字（2019）第179757号

责任编辑：郭海燕　刘　亚 /责任校对：严　娜
责任印制：徐晓晨 /封面设计：黄华斌

科学出版社 出版
北京东黄城根北街 16 号
邮政编码：100717
http://www.sciencep.com
北京捷迅佳彩印刷有限公司 印刷
科学出版社发行　各地新华书店经销
*
2019 年 8 月第 一 版　开本：720×1000　B5
2019 年 8 月第一次印刷　印张：8　插页：2
字数：131 000
定价：**58.00 元**
（如有印装质量问题，我社负责调换）

肖鲁伟教授

2000年浙江中医学院新校区落成交接仪式

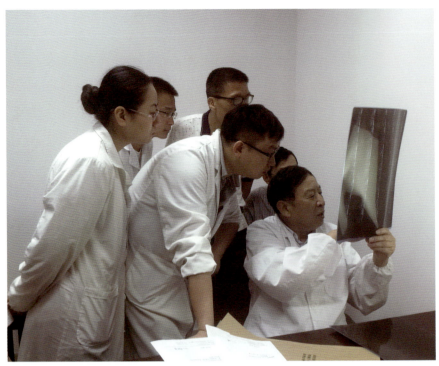

肖鲁伟义诊中

肖鲁伟全国名老中医药学专家传承工作室、浙江省中西医结合骨关节病研究重点科技创新团队、浙江省骨关节疾病中医药干预技术研究重点实验室部分人员留影

浙江中医临床名家

丛书编委会

主　编　方剑乔

副主编　郭　清　　李俊伟　　张光霁　　赵　峰
　　　　陈　华　　梁　宜　　温成平　　徐光星

编　委（按姓氏笔画排序）

丁月平	马红珍	马睿杰	王　艳
王彬彬	王新华	王新昌	牛永宁
方剑乔	朱飞叶	朱永琴	庄海峰
刘振东	许　丽	寿迪文	杜红根
李　岚	李俊伟	杨　珺	杨珺超
连暐暐	余　勤	谷建钟	沃立科
宋文蔚	宋欣伟	张　婷	张光霁
张丽萍	张俊杰	陈　华	陈　芳
陈　晔	武利强	范军芬	林咸明
周云逸	周国庆	郑小伟	赵　峰
宣晓波	姚晓天	夏永良	徐　珊
徐光星	高文仓	郭　清	唐旭霞
曹　毅	曹灵勇	梁　宜	葛蓓芬
智屹惠	童培建	温成平	谢冠群
虞彬艳	裴　君	魏佳平	

浙江中医临床名家·肖鲁伟

编 委 会

主　审　肖鲁伟

主　编　童培建

副主编　金红婷　　吴承亮

编　委　（按姓氏笔画排序）

王萍儿	王蔡未	毛　强	叶承锋
许　超	阮红峰	张　磊	邵　强
罗　程	季卫锋	金　星	周　莉
单乐天	胡雪琴	夏臣杰	徐涛涛
曹　靓	董　睿	曾国习	

总　序

中华医药，博大精深，源远流长。灵兰秘典，阴阳应象，穷万物造化之妙；《金匮》真言，药石施用，极疴疾辨治之方。诚夷夏百姓之瑰宝，中华文明之荣光。

浙派中医，守正出新，名家纷扬。丹溪景岳，《格致》《类经》，释阴阳虚实之论；桐山葛岭，《采药》《肘后》，载吴越岐黄之央。固钟灵毓秀之胜地，至道徽音之华章。

浙中医大，创业惟艰，持志以亢。忆保俶山下，庠序进修，克艰启幔；贴沙河干，省立学府，历难扬帆；钱塘江畔，名更大学，梦圆字响。望滨文南北，富春秋冬，三区鼎足，一校华光；惟天惟时，其命维新，一德以持，六艺互襄；部省共建，重校启航，黾勉奋发，踵武增华。

甲子校庆，名医辈出，几代芳华。值此浙江中医药大学建校六十周年之际，特辑撰"浙江中医临床名家"丛书，以五十二位浙江中医药大学及直属附属医院名医为体，以中医萌芽、名师指引、声名鹊起、高超医术、学术成就、桃李天下为纲，叙名家成长成才之历程，探名家学术经验之幽微，期有益于同仁之鉴法、德艺之精进。

时己亥初夏

目　　录

第一章

中 医 萌 芽

　　肖鲁伟，籍贯浙江慈溪，1948年9月份出生于山东省，因此名字当中有个"鲁"字。小时候随着父母的工作调动，肖鲁伟始终在山东和浙江两地跑。肖鲁伟的小学、初中和高中的一部分时间都是在浙江度过的。1969年，为了响应国家政策号召，肖鲁伟踏上了北上的火车，和同学一起插队落户到了黑龙江的合江地区依兰县，扎根在条件艰苦的平原公社。依兰县这个地方和浙江很有缘，北宋皇帝被捉后就关押在黑龙江省依兰县，而南宋建都在浙江，因此肖鲁伟回忆说："浙江是我的家乡，山东是我的出生地，黑龙江是我插队的地方，我对这三个地方都有特殊的感情。"

　　在下乡期间，肖鲁伟的身份发生了改变，去的时候是"黑九类"，期间由于父母亲成分错划被改正，肖鲁伟也从"黑九类"变成了革命干部子弟。但是，由于是知识青年，因此还要下乡接受贫下中农再教育。因此，下乡三年多，肖鲁伟成为黑龙江中医学院第一批工农兵学员。1975年底从黑龙江中医学院毕业，在校时间三年八个月。毕业后，来到了佳木斯卫生学校，后来该校改名为黑龙江中医药大学佳木斯分校，直接隶属于黑龙江中医药大学。

　　在大学期间，肖鲁伟非常珍惜学习机会，学习十分刻苦。因为学习机会来之不易，所以学生们对老师都非常尊重，老师也非常爱护学生。当时黑龙江中医学院有个不成文的规定，中医医院的医生必须都来自于中医学院。这样的规定就给中医学院的教学提出两个要求。比如手术，中医学院的课程安排里面手术是很少的，黑龙江中医学院就搞试点，把学生分成两部分，一部分先学西医，西医课程全部由哈尔滨医科大学的老师来教，当时哈尔滨医科大学和黑龙江中医学院就隔了所黑龙江大学，乘公交车两站路。肖鲁伟分在了先学西医的这个班。因此，肖鲁伟打下了扎实的西医基础。另一个班是先学中医，把中医基础打扎实后再学西医。因此，肖鲁伟认为他的专业选择和当时的分班有很大关系，而且认为这种专业探索很有意义。

肖鲁伟毕业以后有两个选择，一是回到依兰县中医院，一是到合江地区的佳木斯卫生学校。佳木斯卫生学校当时组建了一个中医教研组，有两三个老师。因为是第一批的毕业生，也可能是天生注定当教师的，肖鲁伟被分到了佳木斯卫生学校，组建中医教研组。

在佳木斯卫生学校就职以后，肖鲁伟平时除了上课以外，还要到佳木斯中医院上班。当时佳木斯卫生学校的校长希望他搞外科，校长跟肖鲁伟说："你到外科，我觉得还是不错的，动手能力还是蛮强的。"但是由于下乡第一年，跟着医疗队下乡的时候，亲身经历了三个死亡病例，肖鲁伟觉得自己的外科学业还不够精深，加上当时佳木斯卫生学校的校长在合江地区是骨科临床一把手医生，因此，他决定跟着校长干骨伤科临床，从此他走上了中医骨伤的行医生涯，一直奋斗在医疗战线上。

第二章

名 师 指 引

1979年10月，肖鲁伟来到了浙江省中医院报到，第一个接待肖鲁伟的是浙江省中医院副院长魏长春（图1）。当时人事科的同志带肖鲁伟到魏院长那说："老院长，来了一个从黑龙江过来的年轻人。"当时正值魏老在看病，因此他直接在诊室接待了肖鲁伟。魏老对他说："那你好好干吧"，接着就继续看病。没有任何的客套和寒暄，简简单单的一句话，给肖鲁伟留下了非常深刻的印象。当医生第一个就是要尊重病人，把病人放在第一位。魏老经常说的一句话就是"认认真真看病，老老实实做人"。他对病人态度极其真诚、极其认真。每一张方子上面，他都很亲切地关照病人，忌口的东西写得很清楚。

图1　浙江省中医院原院长魏长春

魏老是浙江省中医院中医十大学术流派之一——魏氏内科的创始人，在浙江中医界，魏老看病非常有名，他三次看不好病，就会在病历上写上"长春无能，另请高明"。对病人非常的实事求是，看不好就转给其他医生，而且将自己治疗不理想的案例整理成集，编写了《魏氏失治案记实录》，将自己诊治失败的临床经历传于后人者。正如魏老所言："志在阐明学术，不惜自曝己短，知我罪我，在所不计。"这些对肖鲁伟的影响都非常深远，更加崇敬老院长。肖鲁伟说："从魏老身上的故事更加深切地感受到医者的命运与国家的命运往往是结合在一起的。诚所谓'医之大者，寿人寿世'。"魏老去世前，还专门托人把他的一些医案送给了肖鲁伟，肖鲁伟珍藏至今。目前浙江省中医院的办院重要指导思想是"融汇中西医学，贯通传统现代"，亦是对魏老当年办院思想的传承与发扬。

第二个给肖鲁伟专业上影响的是浙江省唯一的国家级中药师，浙江省中医院药房原主任徐锡山（图2）。肖鲁伟刚到浙江省中医院工作的时候，由于在佳木斯卫生学校养成的习惯，经常会写些中药的简化字，比如，半夏的"夏"写成上下的"下"、薄荷的"薄"写"卜"，牛膝的"膝"写成"夕"，甚至人参的"参"只写三撇"彡"，石斛的"斛"只写右半边"斗"。因而，在浙江省中医院开处方也会写简化字。徐锡山主任就把肖鲁伟叫去说："你还是个大学生，这个半夏的'夏'怎么就写了一个上下的'下'。"肖鲁伟说："我们东北都是这样写的。"他说："这样写是错的。中药处方上的一字之差，足以影响别人健康。"从此肖鲁伟写病历非常认真，以至于当时在浙江省中

图2　徐锡山，浙江省著名中药专家、浙江省中医院药房原主任

医院肖鲁伟写病历是有名的认真。一直到现在，科室主任指导年轻医生写病历都会说："你们要看怎么样才算写出好的病历，就去看肖鲁伟写的病历。"

第三个对肖鲁伟专业上有影响的是当时骨伤科室的两位老主任——徐正和吕凤祥。在骨伤科就是做手术，骨科手术更重视的是临床实践。所以，为了提高业务水平，徐正老主任手把手地教肖鲁伟手术技能，让肖鲁伟从实践中去体会，从而迅速地提高骨科手术水平。在黑龙江佳木斯中医院，肖鲁伟也做手术，但不是很多，更多的是用传统方法。来到浙江省中医院骨伤科后，徐正老主任非常放手，上台让肖鲁伟自己动手，主任只在边上指导。另一位老主任吕凤祥主任对肖鲁伟帮助也很大。吕凤祥主任十分关心科室青年医师的发展和成长，他鼓励、支持年轻医生外出学习进修、攻读学位和参加各种各样的学术会议，用他的话来说："多学习，无论是对自己还是对医院，都是有好处的。"因此，吕凤祥主任先后派肖鲁伟去各地的医院进行交流学习、轮训，肖鲁伟带回许多新技术和新理念，为骨伤科的发展注入源源不断的活力。吕凤祥主任是"浙江省省级名中医"，1999 年退休，擅长运用中医中药治疗因机械、化学因素造成的根性、丛性、干性坐骨神经痛，骨折后期再发性水肿，骨折延迟愈合，脑震荡后遗症，混合型颈椎病，强直性脊柱炎，类风湿关节炎，骨与关节结核，骨肿瘤及骨伤科疑难杂症等。肖鲁伟在两位老主任的言传身教下，医术日渐长进，迅速成长为科室骨干和专科领军人物。这种老师手把手、毫无保留地"传帮带"的培养模式，肖鲁伟在后来自己的临床带教中也应用到了。不到必需时候，肖鲁伟一般也不上去，就是让学生们自己动手。这种带教方式，学生可以迅速成长。

第四个对肖鲁伟专业上有影响的是上海瑞金医院的骨科专家——叶衍庆教授（图 3）。叶衍庆和北京的孟继懋并称为骨科界"北孟南叶"，是我国现代骨科奠基人之一。他成立了上海最早的骨科专业病房，首先开展了三翼钉治疗股骨颈囊内骨折手术，率先进行了腰椎间盘摘除手术，并引进麦氏截骨术治疗股骨颈新鲜及陈旧骨折，开展了国内首例脊柱椎体前外侧减压手术治疗脊椎结核。叶衍庆教授在骨科学术方面造诣极深，学识渊博，对每一个问题的阐述必求其来源及出处，决不任意推理、杜撰和发挥，因此大家都称他为"骨科活词典"。叶衍庆教授始创了许多骨科临床治疗技术和方法。20世纪60年代初，他教导学生们不要轻易做创伤性截肢，应尝试做小血管吻合，重新建立血液循环来挽救肢体。他说："小血管不一定无法缝合，不要轻易放弃。"肖鲁伟在上海瑞金医院骨科进修的时候，跟随叶衍庆教授系统地学习了显微外科手术，叶衍庆教授的科学态度、精湛技术和人格风范，对肖鲁伟一生的事业和成就影响很大。

图3　叶衍庆教授在查阅文献

第三章

声 名 鹊 起

有着近 90 年历史的浙江省中医院，前身是浙江唯一一所省立综合性医院，1956 年医院又引进了全省各学科、各流派名中医，同年更名为浙江省中医院。从那时起，中西医两种医学各自的思想和优势在这里碰撞、对话、交流、借鉴、融合，珠联璧合，交相辉映，形成了浙江省中医院独有的特色，而作为浙江省中医院骨伤科，医院独特的发展历史自然也给这个科室打下了非同寻常的烙印。

肖鲁伟从黑龙江佳木斯中医院调来浙江时，接收单位是浙江省卫生厅，但是肖鲁伟不愿意放弃中医临床，更不愿意放弃中医骨伤事业，在报到的第二天他就向领导提出希望到中医院继续做医生，继续救治患者，因此又从令人羡慕的卫生厅转调到了浙江省中医院骨伤科，成为骨伤科医生。1980～1999 年，他四次赴外院进修，先后参加卫生部主办的全国第三期骨科进修班（上海）、马钢总医院参加全国显微外科学习班、中美关节外科学习班（北京）、经皮腰椎间盘摘除术学习班（上海）等业务培训。20 世纪 80年代初，经浙江省中医院安排，肖鲁伟到当时上海骨科界最负声望的上海瑞金医院骨科进修，系统地学习了中医骨伤科理论和显微外科手术，兼收并蓄。他学习石印玉、魏指薪、蔡体栋、沈敦道等全国各地骨伤科中西医名家的特长，逐渐成为浙江省中医院中医骨伤科的新一代学科带头人。

1998 年，肖鲁伟成为浙江中医学院第一批硕士研究生导师，成为研究生成长成才的引路人。2004 年成为浙江中医学院第五批博士研究生导师，成为骨伤博士研究生的科研导航人。2008 年肖鲁伟先后成为浙江省名中医和我国首届全国名老中医。2009 年被评为第四批全国老中医药专家学术继承工作指导老师，开展学术思想传承工作。因肖鲁伟在医疗工作中的杰出贡献，2018

年被评为第二批浙江省国医名师，向来自全省各地的中医师传授中医经典理论和临床治疗经验，推动"浙派中医"的传承创新。

在学术带头人肖鲁伟教授及现任骨科主任童培建教授的带领下，浙江省中医院骨伤科不断加强临床技术的创新，挑战骨科难治疾病。如围绕股骨头坏死、膝骨关节炎、脊柱退行性疾病、老年股骨转子间骨折等重点难治疾病。其中多项技术在全省甚至全国率先开展，引领全省骨伤科的技术发展。团队率先在国际上提出颈髓损伤和低钠血症的关系；在国内首先开展了中药加干细胞治疗股骨头坏死；率先在华东地区开展微创关节置换术；复杂关节置换技术在国内处于领先地位，特别在强直性脊柱炎、血友病性关节炎的人工关节置换上取得很大成功；同时，脊柱微创技术、脊柱非融合技术均居全国先进水平。

第一节　断指再植，立足省中骨伤

在工作中，肖鲁伟始终认为，除了精通望、闻、问、切及正骨复位，时代的发展要求现代的骨伤科医生还要加紧学习现代医学知识和现代科技知识。1982年，肖鲁伟来到当时上海骨科界最负声望的上海瑞金医院骨科，跟随一代宗师魏指薪、叶衍庆、蔡体栋教授，从头开始认真学习骨科的基础和临床，整整一年时间，除了参加晋升考试请假一天回到杭州外，其余时间都以上海瑞金医院为家，日日夜夜守在病房，参加手术，观察术后的效果，他的努力和勤奋，深得蔡教授的赏识。回到浙江省中医院后，肖鲁伟在医院里率先开展了多个手指的断指再植、复合组织的离断再植、中药熏蒸提高断指再植成活率及手法整复撬拨治疗移位骨折等项目。

自20世纪60年代世界上首次断指再植手术成功病例报道以来，断指再植已成为骨外科专业技术医务人员的一项高难度精细技术。该技术是指应用显微外科手术技术对已经失去血液供应的离断指体进行再植，使得缺血指体的血管被修复并立即重新建立血液供应，最终使得失去血液供应的指体获得再生的过程。到21世纪初期，经过了多年的发展，已经逐渐成为一个比较成熟的显微外科手术技术，但是，断指再植后的成活率仍然受许多因素的影响。为了提高断指再植后的成活率，肖鲁伟一边不断提高显微外科手术技术，一边从中医药这一伟大宝库中寻找创新源泉。每天从医院下班后就赶往图书馆，想从浩瀚的古代医籍中汲取创新灵感。终于在中医经典《黄帝内经》中找到了答案。在《灵枢·本脏论》说："经络者，所以行气血而营阴阳，濡筋骨，利关节者也"。肖鲁伟认为断指治疗首先要恢复脉络的连续。为寻找防止术后血栓形成的有效方法，肖鲁伟依照中医辨证施治原则，对 30 例断指再植患者运用活血化瘀药物进行早期治疗，较好地解决了血瘀形成问题。主方用桃红四物汤加减，以活血、逐瘀、养血。现代药理研究证明的活血化瘀类药物具有扩血管、抗凝、溶栓、改善微循环作用，与祖国传统医学在长期医疗实践中积累的经验是相符合的。临床观察到动脉瘀阻时主要表现为气滞血瘀、气不运血，故治疗时加用理气活血药物；静脉瘀阻时由于毛细血管通透性增加，临床可见再植指肿胀渗出，在治疗时要加用化瘀理湿之品。一般情况下，用药以辛温为主，苦寒药物只是在瘀而化热肉腐时使用。

在临床中可以观察到再植术后尽管吻合口已有血流通过，但多半仍存在血供不足而呈现断指肿胀暗紫的征象，用药 1～2 天后这些征象才能消退。肖鲁伟认为良好的血管吻合只是保证断指成活的基本条件，早期辨证用药才是提高再植成功率的重要措施。另外，肖鲁伟还观察到用药的同时要注意患肢的保温。在再植术后经常可以观察到因受低温刺激而发生断指动脉血管痉挛，并因此而使原本已建立的血供完全中断，指端立即出现苍白湿冷，如不能及时解除则可形成血栓，致使再植指坏死。因此，肖鲁伟认为术后要注意患肢的保温。简单的方法是将患肢用石膏托固定后置于恒温的保温罩内，维持罩内温度 40℃左右。此外，并且根据再植术后不同时期的病理特点，肖鲁伟在临床上按早、中、晚三期分别进行辨证施治。

一、早期（再植术后 7～10 天）

病理特点是血管内皮损伤，极易在吻合口部形成血瘀，离断指远端因气血敷布失常，主"失温煦"而致使血管痉挛，血供中断。动脉瘀阻时断指苍白、干瘪湿冷，指尖戳刺无滴血，指甲失华，甲下毛细血管无充盈，严重者可出现断指干性坏死；静脉淤阻时指腹胀满，色紫暗，甲下鱀黑，指尖戳刺滴血紫暗，久之淤血化热肉腐断指可出现湿性坏死。治疗以活血化瘀及肢体保温为主，用桃红四物汤加桑枝、桂枝等；动脉淤阻时，加青皮、蒲黄、毛冬青、丹参、姜黄、三棱、莪术等理气活血逐瘀；静脉淤阻时，拆除部分缝线减压，指端做皮肤切口引流，加穿山甲、路路通、水蛭、茯苓皮、泽泻、通草活血化瘀、渗湿；吻合口处出现红肿跳痛者，为淤血化热肉腐感染之象，给五味消毒饮类以清热解毒。此外，早期患手要制动，并置于 40℃衡温条件下，防止血管痉挛的发生与持续。

二、中期（受伤2个月以内）

此期血脉已通，骨连而未合，筋续而未固。治疗以接骨续筋为主。药用新伤续断汤、续骨活血汤加减进行治疗：当归、赤芍、生地黄、红花、地鳖虫、骨碎补、自然铜、续断、落得打、桑枝等。

三、晚期（受伤2个月以后）

此期骨、脉、筋均已愈合，要去除内外固定。针对损伤日久，脉通而未和，筋续而未舒，筋络粘连、关节拘挛、指端麻木等，治以舒筋活络为大法。内治用八珍汤、麻桂温经汤、补肾壮筋汤、大活络丹等。外治以局部熏洗配合关节的按摩导引。熏洗方用舒筋活血洗方：伸筋草、透骨草、海桐皮、秦艽、当归、红花、五加皮、紫荆皮、生川乌、生草乌、乳香、没药等。

在中医药早、中、晚三期辨证施治的指导下，1986～1989年，肖鲁伟为30多例断指行断指再植术，术后运用中医药辨证施治。经5年以上随访，断指外观基本正常，指腹饱满，指甲生长正常，指端感觉正常，10例非关节部离断再植者关节活动良好，20例关节部离断再植者，由于其他关节的代偿活动，病人自我感觉满意。

肖鲁伟一直考虑和尝试：如何以保守治疗为主，注重手法与药物的传统骨伤科能够跟上形势的变化，甚至引领学术的潮流。肖鲁伟认为，时代的进步和科技的发展已经使得传统的中医骨伤科必须放弃狭隘的门户之见而携手共进。应放弃单纯应用手法、药物保守治疗的思想而去积极理解和科学运用现代骨科技术成果。应放弃因循守旧故步自封的想法而有胸怀天下放眼世界的意识和胆略。但他同时强调学习现代医学必须立足传统中医，进行科研探索必须是为了服务临床。要"洋为中用"而非"全盘西化"，任何时候都不能抛弃传统医学的精髓，不能割裂中医骨伤科的整体性与完整性。

第二节　精湛医术，融汇中西医学

肖鲁伟在中医骨伤领域始终把握时代脉搏，积极地去理解、认识、消化、运用现代骨科的研究成果，熟练开展颈椎、腰椎减压，内固定，关节置换等手术。肖鲁伟对于临床工作始终抱着满腔热情，即便后来任职院长、校长，也始终不曾离开病人与医院，许多手术至今仍然亲自上台主刀。肖鲁伟认为，当代的中医特别是经过院校培养的中医，应有鲜明的时代特征，应能够做到传承不泥古，发扬不离中，融汇古今，洋为中用，中西汇通，发展中医。

中医骨伤科的特点是：特色鲜明、优势突出、手法与手术、内治与外治相结合。中医骨伤科是中医外科的二级分支。肖鲁伟认为外科与医学起源同步，在医学发展中形成鲜明特点，手术是外科的重要组成部分，其确切的定义和学术范围与时俱进，在不断分化和延伸，但中医外科的内涵远远大于手术及其技巧，更重要的是必须是在中医理论指导下的整体观念和辨证论治。

中医骨伤科学在治疗手段上强调全面掌握、技术精湛、合理选择、综合运用、不断创新。方药、手法、小夹板、针灸、导引等是中医骨伤科的传统治疗手段，具有一定的特色和优势。但中医骨伤并非排斥手术，而且，手术疗法并不是西医的专利。中医采用手术方法治疗骨与关节损伤历史悠久，源远流长。据《韩非子·安危》记载：扁鹊治病"以刀刺骨"，说明公元前5世纪，金属刀已作为骨伤科手术工具应用于临床了。《灵枢·痈疽》中记载了用截趾术治疗脱痈病，并论述了化脓性关节炎切开引流的指征及禁忌，认为去除死骨才能治愈化脓性骨感染疾病，这是中医骨伤科手术治疗的萌芽。唐代蔺道人《仙授理伤续断秘方》中记载了切开复位缝合固定技术，指出如果手法复位不成功的，可切开复位缝合固定。与现代西医骨科的治则极为吻合。因此，中医开拓手术领域，并非抛弃中医基本的诊治原则和技术风格，而是对技术全面性的一种补充和提升，是紧急救助与及时解脱疑难重症的一个有效手段。因此，手术方法应该成为中医骨伤治疗学中的重要组成部分。

肖鲁伟认为有些伤病必须用以手术为主的方法来治疗。例如，手指离断性损伤必须借助显微外科技术进行断指再植；有些关节内或近关节的骨折必须行切开复位内固定术，否则就难以达到肢体功能康复的目的；对不稳定性的和有椎体骨块后移压迫脊髓神经的脊柱骨折脱位，如不行切开复位内固定椎管减压植骨融合术，就难以使脊柱恢复正常的支撑、运动功能，神经功能也难以恢复。

一、严谨分析，复杂髋关节置换的成功诊治

髋关节置换术是常见的骨科手术，使用植入物或者"假体"来替代髋关节，能缓解疼痛并改善活动度，从而恢复正常的日常活动。随着人口老龄化的发展，将来应用会更加普遍。

微创和小切口全髋关节置换手术是一个不断发展的领域，优点包括更轻微的软组织损伤，从而可以使患者拥有一个更快且痛苦更少的恢复过程，并能更快速地恢复正常活动。直接前方入路（DAA）是真正的微创人工全髋关节置换入路。相比于其他入路，DAA 入路完全通过肌间隙完成手术，无需切断任何肌组织，将手术创伤和对关节稳定性的影响降到最低，是一种真正意义上的微创入路，使"术后无需留置引流、次日即可行走、无需限制关节活动"成为现实。微创 DAA 全髋关节置换术具有术中损伤小、出血少、住院时间短、恢复快、假体植入理想的优势，是中医"筋骨并重"的理论在当代快速康复关节置换中的灵活运用，是理想的微创全髋关节置换术手术入路之一。

病案 患者孙某某，男，45 岁，19 年前曾在浙江省内某大医院行左髋臼骨折内固定术，4 年前感到左髋关节疼痛，左腿短缩，行走不稳，当时没有给予足够重视。后来髋关节疼痛逐渐加重，左髋关节屈曲、外展、旋转功能均受限，活动度屈曲仅 0°～70°，左腿较健侧短缩 5cm。辗转于杭州市各大知名医院，均以手术难度较大、风险较高拒绝行手术治疗。慕名前来浙江省中医院寻求肖鲁伟及其团队的帮助。入院后经相关检查，确定髋臼内固定术后状态，鉴于患者髋臼状况复杂，但肖鲁伟和他的治疗团队没有放弃，迎难而上，根据多年的手术经验，依托浙江省中医院技术力量，为患者制定了直接前方入路（DAA）手术方案（图4、图5）。

二、真知灼见，罕见病精准诊疗获突破

（一）肿瘤性低磷骨软化症

肿瘤性低磷骨软化症（TIO）是一种罕见全身代谢性疾病，多因肿瘤造成肾脏排磷增加，血磷水平低下，骨组织无法正常矿化而造成的骨软化症。由于引发 TIO 肿瘤多为源于间叶组织的良性肿瘤，可位于骨或软组织内，位

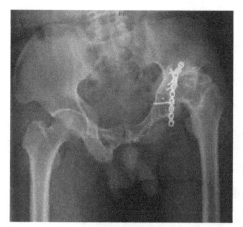
术前双髋正位

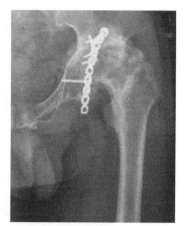
术前左髋正位

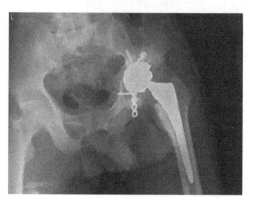
术后双髋正位

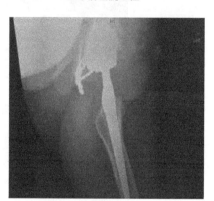
术后左髋侧位

图 4

置隐匿且遍布全身，生长缓慢，不易发现等特点，TIO 早期诊断难度极大，极易漏诊误诊，应引起重视。

病案 陈某某，58 岁，因反复腰背部疼痛 2 年余，双下肢乏力 1 年余，加重 6 个月。于 2016 年 5 月来医院。患者 2 年前无明显诱因出现腰背部疼痛伴有下坠感，四肢乏力，当时未予重视，后腰背痛与四肢乏力症状进行性加重，无法行走，需轮椅代步，生活无法自理。先后于当地医院抗骨质疏松治疗，但疼痛未见明显好转。患者在明确诊断前，长达 2 年时间内被诊为骨质疏松，抗骨质疏松治疗效果不佳后，并未进一步查找原因，且实验室检查中低血磷并未引起足够重视。

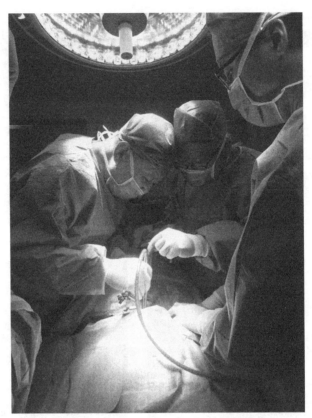

图 5　复杂髋关节置换手术进行图

多年来，患者病情一直在各大医院辗转诊治。2014 年 10 月至 2015 年 2 月，患者因腰背部疼痛多次住院治疗，全身骨骼 ECT 示：全身多发性骨代谢异常增强，恶性肿瘤骨转移首先考虑。血清游离 κ（Kappa）轻链 8.14g/L，尿游离 λ（Lambda）轻链 4.172g/L，尿游离 κ/λ 为 1.95。尿游离 κ 轻链 25mg/L，尿游离 λ 轻链 < 50mg/L。腰椎 MRI 平扫 + 增强示 $T_{8 \sim 12}$ 椎体压缩性骨折，T_{12} 为著。2014 年 10 月 31 日在当地市级医院局部麻醉下行 $T_{11 \sim 12}$ 椎体成形术 + 病检术，病理结果示：红细胞系增生活跃占 0.29，以中晚幼红细胞增生为主，形态基本正常，淋巴细胞占 0.145，形态正常，全片骨髓瘤细胞可见约占 0.03。结果意见：考虑为多发性骨髓瘤。住院期间主要予以镇痛、抗骨质疏松等对症治疗，患者症状仍然未见明显好转。

2016 年 5 月，为进一步诊治到医院就诊。发病以来，因疼痛难忍睡眠较差，精神焦虑，胃纳差，体重减轻，二便可。既往有 2 次心脏射频消融史，1 次 $T_{11 \sim 12}$ 椎体成形术史，1 次腹股沟斜疝修补史。有青霉素皮试过敏史，既往无特殊疾病史，家族中无类似疾病患者。查体：行走困难，轮椅代步。胸腰部及全身多处关节压痛、叩击痛（＋），四肢肌肉明显萎缩，四肢肌力Ⅲ级，肌张力无殊，病理反射未引出，四肢肢端血循无殊，左食指中节肿块$2cm \times 2cm \times 1.5cm$大小肿块，推之可移，无压痛，无波动感，质软，指端血循无殊。

辅助检查：左掌正位X线片（图6a）示食指中节指骨球形密度增高影。胸腰椎CT示T_{11}，T_{12}椎体成形术后改变，T_8，T_9，L_1，L_2椎体压缩骨折；L_3，L_4至L_5S_1椎间盘膨出，腰椎退行性改变。胸腰椎MRI示胸腰段脊柱后凸，所示脊柱椎体和附件骨质疏松，T_{11}，T_{12}椎体成形术后改变，T_8，T_9，L_1，L_2椎体压缩骨折；椎管未见狭窄，脊髓无受压或移位；L_4，L_5椎间盘膨出。全身骨骼ECT（图6b）示双肩关节、双膝关节、双踝关节骨质代谢活跃。全身FDG-PET-CT（图6c）示T_{11}，T_{12}椎体成形术后改变，余扫描区骨骼骨密度稍减低，以脊柱椎体及双侧髂骨较明显，骨小梁略稀疏，髂骨局部多发小圆形低密度影，FDG代谢不均匀，建议骨穿活检；右侧上臂近肘关节外侧小片状FDG代谢增高灶，右侧上臂近肘关节外侧小片状FDG代谢增高灶，双侧膝关节周围不均匀FDG代谢影，考虑炎症。临床诊断：低磷性骨软化症。完善术前检查及排除手术禁忌证，术前标记（图6d）后于2016年5月17日在臂丛神经阻滞麻醉下行左食指中节腱鞘巨细胞瘤切除＋活检术，术程顺利，术中见一$2cm \times 1.5cm \times 1.5cm$肿块（图6e，图6f），切除并送病理检查。治疗采取复方磷酸氢钾静脉滴注，$1 \sim 2ml$，每日2次；中性磷溶液5ml，每8小时1次；罗盖全（骨化三醇胶丸）$0.25\mu g$，每日1次；钙尔奇D 0.6mg，每日1次；福美加70mg，每周1次，并密切观测血磷、钙及ALP等水平，术后48h磷0.8mmol/L，患者全身疼痛症状缓解明显，无明显不适。术后病理报告示：左手食指腱鞘巨细胞瘤。肿瘤组织HE染色可见大量骨巨细胞，免疫组化结果示：P53少数（＋），Ki-67（3%＋），CD68灶（＋），CD163（＋），S-100（－），CD34（－），SMA（－），Desmin（－），CK广谱（－）。结合术后症状及血磷的变化，确诊为肿瘤性骨软化症。

TIO肿瘤的定位是其诊断和治疗的重要环节，其定位方法都存在检测盲区，故需有序相互补充以明确定位。肖鲁伟认为本例患者先后多次行ECT及^{18}F-FDGPET-CT，但并未发现左食指中节指骨FDG代谢异常，而在双膝、踝关节见FDG代谢异常。分析其出现原因，可能与PET-CT未扫描手掌部位有关，而非肿瘤区（双膝、踝关节区域）FDG代谢异常则可能与^{18}FFDGPET-CT不

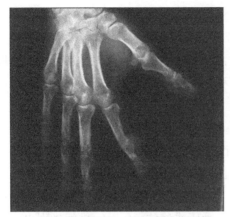

a. 术前左掌正位X线，可见食指中节指骨
球形密度增高影

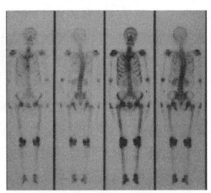

b. 全身ECT扫描可见双肩关节、膝关节
及踝关节骨质代谢活跃

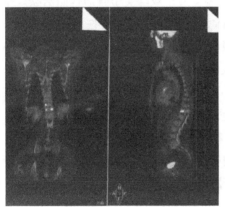

c. 全身FDG-PET-CT 显像可见全身多处
不均匀FDG 代谢影

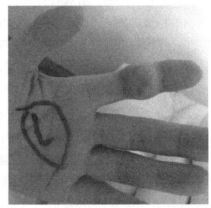

d. 术前标记

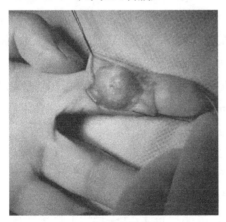

e. 术中切除肿瘤

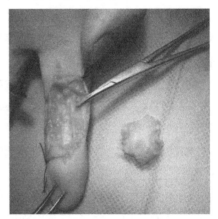

f. 术中切除肿瘤

图6

能特异性识别新陈代谢旺盛区（如在愈合期骨折区域）有关。

经过手术治疗，患者血磷一直维持在正常水平，治疗 2 个月疼痛消失，可自行行走，治疗 3 个月基本恢复至病前状态，患者终于摆脱了病痛，重见笑颜。

（二）巨大股骨远端表皮样囊肿

患者，男，60 岁，因"左下肢肿胀疼痛 30 余年，加重 1 年余"入院。因 42 年前在水库洗澡后发现左下肢肿胀疼痛，去当地医院就诊，诊断为左股骨骨髓炎，行手术治疗后，慢性骨髓炎反复发作，经抗生素治疗后缓解。近年来病情加重，左大腿外侧出现窦道，流脓。2009 年 1 月在当地医院摄 X 线片示：左股骨远端硬化和透亮线，边界不清，并见骨膜反应。CT 示软组织扩张，皮质破坏。行左股骨干骨髓炎钻孔减压术。2009 年 5 月肿痛复发，在当地医院就诊，MRI 示股骨远端髓腔积液，信号不均，外侧皮质破坏及外侧窦道。行病灶清除加抗生素骨水泥填充术，炎性症状消失，ESR 和 CRP 正常。2009 年 8 月，予以行骨水泥去除术和外侧缺损处股外侧肌瓣填充，肿痛消失。2010 年 3 月，患者左大腿肿胀疼痛，行走后加重，伴有左膝屈伸不利，窦道时有白色粉末样分泌物流出，为进一步诊治来医院就诊。否认外伤史和各系统重大基础疾病史。查体：生命体征正常，全身浅表淋巴结未扪及，心、肺、腹未见异常。专科检查：左大腿外侧切口、窦道瘢痕，无渗液。左膝部肿胀、压痛明显，局部皮温增高，可触及波动感，浮髌试验阳性，被动活动，屈伸活动尚可。术前膝关节穿刺液培养 2 次阴性。对比 2009 年 8 月至 2010 年 3 月 X 线片，发现进展性股骨远端骨溶解，皮质变薄；CT 示股骨髁间窝破坏。手术治疗：硬膜外麻醉下行左膝、左股骨脓肿病灶清除术，术中见股直肌和股外侧肌下一较大"囊肿"，有包膜包裹，内容物呈豆腐渣样，囊肿侵及周围骨组织，骨质破坏严重，部分包膜穿透双层骨皮质达股骨髁间后缘，包膜完整，大小 10cm×5cm×5cm。破坏骨质边缘硬化。膝关节股骨端可见炎性滑膜形成，部分侵及内侧半月板。术中予以完整清除囊肿病灶，切除包膜和部分炎性滑膜，因骨缺损范围较大，累及股骨内外髁、髁间窝、股骨干骺端、部分骨干，接近周径 1/2。术后石膏固定防止骨折，考虑 II 期行腓骨移植术修复骨缺损。囊肿病灶物送病理，病理诊断为：左股骨远端表皮样囊肿伴鳞状上皮乳头瘤样增生（图 7）。免疫组化：P53（-），Ki-67.30%（+），CK 广谱（+），EGFR（-）。

浙江中医临床名家·肖鲁伟

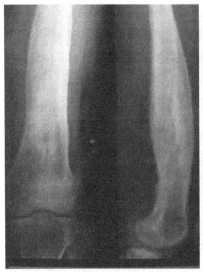

a. 2009年1月X线片示左股骨远端硬化和
透亮线，边界不清，并见骨膜反应

b. 术后病理切片示表皮样囊肿伴鳞状上皮
乳头瘤样增生，周围见大量中性粒细胞及
巨噬细胞浸润

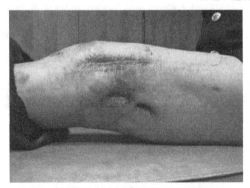

c. 术前外观，切口瘢痕及愈合窦道

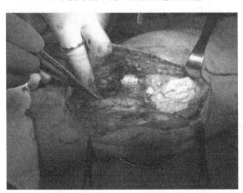

d. 股直肌和股外侧肌下一较大"囊肿"，有包膜包裹，
内容物呈豆腐渣样，大小为10cm×5cm×5cm

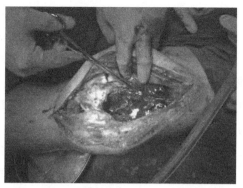

e. 完整切除囊肿后见骨缺损严重，累及股骨内外髁、
髁间窝后缘、股骨干骺端、部分骨干，接近周径1/2

图 7

患者出院后支具保护下能下地行走，2 个月后复查患膝肿痛，摄 X 线片示左股骨远端病理性骨折。拟行人工关节置换术，后应患者要求，行截肢术。骨内表皮样囊肿是罕见的良性骨病损，以颅骨和远端指趾骨多见。发生于长管状骨股骨远端的表皮样囊肿十分罕见，发生于长管状骨的表皮样囊肿国内报道胫骨仅 1 例。之前，国内尚未报道本病案中的巨大股骨远端表皮样囊肿，这种慢性骨髓炎继发进展型巨大股骨远端表皮样囊肿的病例是对骨伤科诊治水平的极大挑战。

（三）骶骨脊索瘤

脊索瘤是较为常见的骶骨恶性肿瘤，现一般被认为是脊索残留物恶变所致的一种低度恶性骨肿瘤。以骶尾部最为好发（50% ～ 60%），30 ～ 50 岁多见，男女比例约 2 ∶ 1。临床表现主要以会阴区麻木、进行性疼痛加重为主，若压迫直肠、膀胱及相应马尾神经可引起大小便异常、肛周感觉衰退、表皮和直肠溃疡等。目前的治疗方法主要是尽可能广泛切除瘤组织，彻底地清除可疑病灶，但由于解剖位置特殊，手术风险较高，需制定详细及缜密的手术方案。

病案 陈某，女性，47 岁，因"发现骶尾部肿物 6 年伴鞍区麻木 1 个月"入院。患者 2013 年体检时发现骶尾部肿物，当时无疼痛麻木、无发热红肿、无局部压痛，至医院就诊后未予药物治疗。6 年来无明显不适，1 个月前无明显诱因下出现大小便异常，自觉鞍区麻木，当时至外院查腰椎 MRI 平扫示：S_3、S_4 椎体占位，腰椎退行性改变。骶尾椎 MRI 增强：S_3/S_4 椎体占位，脊索瘤可疑，骶椎退行性改变。当时外院医生建议患者转至浙江省中医院行手

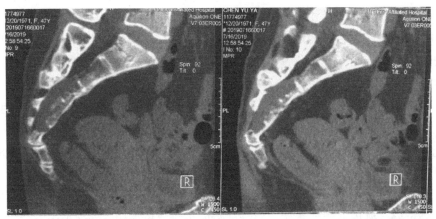

术治疗，患者表示需考虑后再做决定，1个月来症状反复并进行性加重，且经考虑，患者要求手术治疗，至医院就诊，门诊拟"骶骨肿瘤"收住入院。刻下神清，精神可，胃纳可，二便稍差，夜寐差，近期体重无明显变化。平素身体状况一般，既往否认高血压病史；否认冠心病病史；否认糖尿病病史；有慢性乙肝病史10余年，规律服用恩替卡韦0.5mg，每日1次，目前控制可。睡眠差，规律服用舒必利0.1g，每日1次，否认结核史；否认中毒史。否认药物、食物过敏史。于2011年因胆囊结石、胆囊炎行胆囊切除术，术后恢复可，否认其他手术史，否认输血史。查体：生命体征平稳，全身浅表淋巴结未扪及，心、肺、腹未见明显异常。专科查体：脊柱生理曲度尚存在，肤色正常，未见包块，无水肿，无静脉曲张，骶尾部压痛（＋），余棘突无明显压痛，右侧会阴部感觉较对侧减退，球海绵体反射正常，双下肢肌力可，双下肢血运、感觉可。入院前检查：腰椎 MRI 平扫：S_3、S_4 椎体占位，腰椎退行性改变。骶尾椎 MRI 增强：S_3/S_4 椎体占位，脊索瘤可疑，骶椎退行性改变（图 8、图 9）。

诊断：①骶骨肿瘤（$S_{3\sim5}$，脊索瘤可能）；②腰、骶椎退行性病变；③乙型病毒性肝炎。

入院后相关检查：

ECT 检查：①骶椎骨质代谢活跃，请结合 CT 或 MRI。CT 检查：骶 3～5 椎体形态异常，呈膨胀性骨质破坏改变，其内及相应骶管内可见软组织密度影，边界欠清晰，相应骨皮质断裂；余骶尾椎未见明显骨质异常。相关生化检查未见明显异常。排除手术禁忌后，肖鲁伟组织病例讨论，讨论后认为患者目前骶骨肿瘤诊断明确，但肿瘤性质还需进一步确定，具体治疗方案需根

图 8　可见肿瘤侵犯多个骶椎节段，存在不同程度的骨质破坏，并存在骶管占位

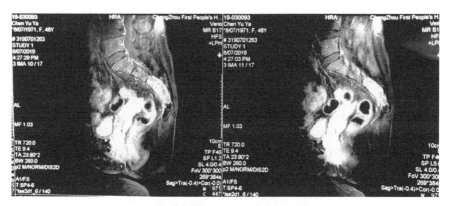

图 9　多节段骶骨及骶管出现高信号影

据肿瘤性质制定。

　　经讨论并征得患者及家属同意后于 2019 年 7 月 17 日行骶骨肿瘤切开活检术。2019 年 7 月 29 日病理回报：尾骶骨破碎骨、软骨组织。骶管内肿瘤，考虑脊索瘤。免疫组化染色结果：CKpan（+）、EMA（+）、S-100（+）、E-cad（部分 +）、CD68（-）、CD163（-）、CEA（-）、CD34（-）、GFAP（-）、CK8（+）、CK7（-）、CK19（+）、CK20（-）、P53（-）、Ki-67（2%+）。

　　病理诊断明确后肖鲁伟再次积极组织讨论，讨论结束后明确，患者目前肿瘤考虑为脊索瘤，需完整切除切切除其侵犯的骨质，且根据现行骶骨肿瘤外科分期来考虑，该患者可行后路切除，故拟行骨肿瘤切除 + 腰骶骨盆重建内固定术。术前介入科先行 DSA，针对主要供瘤血管（双侧髂内动脉、骶正中动脉、副骶正中动脉）行明胶海绵栓塞。术前准备完善后于 2019 年 8 月 5 日行介入动脉栓塞 + 后路骶骨肿瘤切除 + 骨盆重建。术中予腰 4 ～ 5 双侧椎弓根植入椎弓根螺钉共 4 枚，并沿髂后上嵴向外下方植入髂骨螺钉 2 个。探查见双侧骶 1 ～ 2 神经根完整连接，保护神经血管，用超声骨刀行肿瘤以及骶 3 ～ 5 椎体完整切除（图 10、图 11），术程顺利，术中出血量约 150ml。

　　术后恢复可，鞍区麻木逐步缓解，第 2 天患者通气排便，予以无渣饮食，配合肠外营养，术后 5 天，复查 X 线：肿瘤完全切除，内固定位置良好（图 12）。第 14 天恢复良好、大小便恢复正常，鞍区麻木明显缓解，目前患者已出院。2019 年 8 月 13 日病理回报：骶骨内肿物脊索瘤。骶骨（$S_{3 \sim 5}$）脊索瘤。免疫组化染色结果：CKpan（+）、EMA（+）、S-100（+）、E-cad（部分 +）、CD68（-）、CD163（-）、CEA（-）、CD34（-）、GFAP（-）、CK8（+）、CK7（-）、CK19（+）、CK20（-）、P53（-）、Ki-67（2%+）。

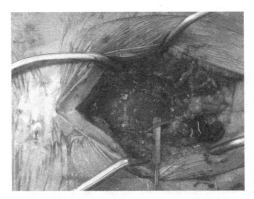

图 10　术中显露出完整的 S_3 神经根

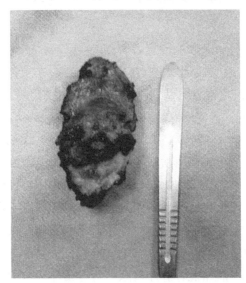

图 11　切除的肿瘤及相应椎体

特殊染色结果：PAS（＋）。

　　脊索瘤以骶尾部最为好发，其次为颅底、颈椎、胸腰椎等，中轴骨以外的部位极为少见。手术是该病最有效的治疗方式，但该类手术由于暴露范围较广、时间长，且肿瘤本身血供丰富、骶尾部血运丰富，因此一些大出血的情况不乏报道。本次手术肖鲁伟教授经过严谨、全面的考虑，结合自己精湛的技艺，在确保病灶完全切除的情况下以较短的时间内完成了手术，这不仅减少了手术并发症，更是为患者降低了风险。对于神经的处理，保留单侧 S_2 神经根，大部分患者直肠膀胱功能均能保留，而对于该患者，术后症状减轻、功能恢复得益于双侧 S_2 神经根的完整保留。

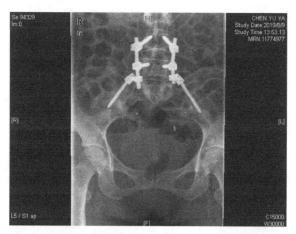

图 12　内固定装置位置尚可，骶 3 ～ 5 椎体已切除

第三节　医德高尚，救死扶伤

肖鲁伟（图 13）具有丰富的学术思想，大量的临证经验，还具有优秀的医德。

2002 年初，卫生厅原厅长张承烈教授组建 30 余人的专家团队在叶种德堂（现胡庆余堂名医馆第二门诊部）进行慈善义诊活动，随着时间推移，参加此次慈善活动的专家逐渐散去，仅肖鲁伟一个人在坚持，这一坚持就是 17 年，从无缺席。肖鲁伟在极为繁重的行政工作日程中挤出时间，无论工作多少繁忙，他总是把这一天的义诊当作头等大事，把病人当作最重要的贵宾。即使有时临时有重要会议，他也一定和远道而来的患者沟通好，在会议结束后立即赶过来施诊。元旦、劳动节、国庆等节假日，他都是陪伴着他的病人度过的。许多病人半夜三更来挂号。对于未能挂到号的患者，肖鲁伟也会在诊察完全部挂号病人后，为他们一一诊疗，直到每一个病人都满意而归，此时往往已经远远超出医院规定的工作时间。肖鲁伟在胡庆余堂的义诊门诊，尽管已经有专门的门诊护士维持秩序，诊室里还是经常挤满了人，还在看这个病人，后面的患者已经在等着了，加上之前去做检查回来的患者，再加上来复诊开药的老患者，肖鲁伟都会一一为他们解决问题，明确诊断，对症下药。在这样高强度的工作压力下，肖鲁伟却始终都能坚持微笑面对，偶尔有几个患者因为各种原因情绪比较激动，在他的耐心的劝导下，也都满意而归。给

图 13　肖鲁伟教授

人看病，帮助患者解决实际问题，似乎早已经是他的生活习惯之一。他总是说，医生技术的进步是病人的疾病痛苦换来的，因此，医生没有理由不对病人好。几乎每一个和肖鲁伟打过交道的患者及家属，对他的评价都很高，听到最多的就是"肖医师不但技术好，人更好，有耐心，为我们病人考虑周到"。肖鲁伟十七年如一日，坚持为民义诊，真正达到了大医为民的精神境界。在临证诊疗过程中，肖鲁伟对患者态度和蔼可亲，一方面消除了患者对疾病的恐惧心理，另一方面也增强了患者对治疗疾病的信心。他时刻将自己放在患者的立场上，为患者着想。在组方用药时，从不以赚钱为主要目的，多为患者考虑经济承受能力，尽可能少花钱、多办事。每个月的义诊，肖鲁伟从早上8点一直到下午2～3点，顾不上喝口水，出诊时不接电话（只有在帮病人联系医院和医生的时候才用电话），顾不上去洗手间，多年始终如一，未曾改变。

第四节　健康宣教，沟通医患

健康教育与健康促进是动员全社会和多部门的力量，营造有益于健康的环境，传播健康相关信息，提高人们健康意识和自我保健能力，倡导有益健康的行为和生活方式，促进全民健康素质的提高。

骨伤科的很多疾病就是由于不健康的生活习惯所导致，通过健康教育，指导患者合理功能锻炼，可以达到预防疾病的发生、控制疾病的发展乃至治愈疾病，每逢有这些病人肖鲁伟总是循循善诱，悉心指导，使患者不药而愈。如颈椎病人告知如何用枕，如何作些体育训练，并且编导了一套颈椎操，每逢有颈椎病病人来就诊。肖鲁伟总是吩咐自己的学生向病人进行演示，并且嘱咐患者练习颈椎操。此外，肖鲁伟特别重视拐杖的使用。碰到膝关节疼痛的患者，肖鲁伟总是嘱咐他们要使用拐杖，特别强调拐杖的作用，而且还经常跟患者说："拐杖的作用比喝中药还好，膝关节不痛了，是因为挂拐杖的功劳"，因此，在肖鲁伟门诊经常可以看到一群老年人前后挂着拐杖进出，已然成为一道独特的风景线。为此，有个病人还特地为肖鲁伟编写了一首《拐杖歌》，特意感谢肖鲁伟对他们的宣教。此外，还有肩周炎病人的蝎子爬墙，腰痛病人的腰背肌锻炼等。

针对骨伤科疾病的病程长，缠绵难愈，而寒湿、贼风、痰浊、瘀血互为交结，凝聚不散，亦可加剧病情变化，使病情加重、发展。肖鲁伟诊病时总是非常耐心与患者沟通，化繁为简，采用通俗语言分析病因病机及预后、饮食禁忌等，鼓励他们树立长期正规治疗的决心和信心。因此，多年来，许多病人特别是上了年纪的老年人一直都随着肖鲁伟的医术见证着他们的生老病死、福寿安康，为他们的生命保驾护航，他们经常说肖鲁伟是他们健康的使者、生命的守护神、值得信赖的医疗顾问与良师益友。有时候来门诊看病，只是为了见肖医师一眼，心里就踏实了。这种感情已然是亲情般的医患关系，终身难以忘怀。

第四章

高 超 医 术

　　肖鲁伟（后称肖氏）在从事中医骨伤科临床工作的 50 余年里，勤求古训，博采众家之长，积累了丰富的临床经验，形成了独特的学术思想体系和诊疗特色。他本着博学深思、实践立新的严谨治学态度，擅长运用中西医结合的方法治疗骨与关节损伤、骨科疑难杂症。对骨伤科正骨手法，脊柱、关节退行性疾病等各类痹证以及骨质疏松症均有深入的研究。

第一节　"从肾论治"腰痛病

　　肖氏为中西医结合骨伤科学大家，他博古研今，吸纳历代医家论治腰痛精髓，悉心钻研现代骨科腰痛治疗经验，并结合多年临床实践，逐渐形成了独具特色的从肾论治腰痛诊治学术思想。肖氏认为，腰痛的治疗应发掘和利用中医疗法的特色与优点，吸取和采纳西医新的理论和技术，中西医结合综合施治有利于提高疗效。中药内服外用、针刺艾灸、牵引手法、练功理疗等疗法是治疗腰腿痛最常用的保守治疗之法；髓核摘除术、椎管和神经根管扩大术和固定融合术等解除神经根压迫、重建脊柱平衡也是现代中医骨伤科临床常用手术疗法。循证医学证据表明，腰痛疾病属于部分自限性疾病，患者可经卧床休息、牵引、手法、针灸、药物内外用等非手术治疗方法得到缓解或治愈。

一、腰痛的辨证论治

（一）腰痛的病因病机

1. 肾虚论

肾虚致腰痛是中医古籍中提出的最早论点，并被后人沿袭继承至今，具有广泛的影响。《素问·上古天真论》中详细阐述了肾脏在人一生中的代谢变化，是为先天之本。《素问·脉要精微论》指出："腰者，肾之府，转摇不能，肾将惫矣。肾脉搏坚而长，其色黄而赤者，当病折腰"，明确指出肾虚是腰痛的原因之一。《六元正纪大论》云："房室劳伤，肾虚腰痛者，是阳气虚弱不能运动故也"，阐述了肾虚腰痛的发病机制。张仲景以八味肾气丸治疗虚劳腰痛，意在补肾以强腰。《诸病源候论·腰痛候》曰："肾虚，役用伤肾是以痛"，且认为其他致腰痛病因皆与肾虚有关，即所谓："邪之所凑，其气必虚，若肾气充盛则邪气必不可干。"

肖氏认为肾虚腰痛是腰痛常见证型之一，其病机为肾之精气亏虚，腰部经脉失于温润濡养，但临床上肾虚病人又易感外邪或扭伤腰部，所以在病理变化过程中可呈现本虚标实证候。

另一方面腰为肾之腑，肾者主骨，封藏之本，精之处也。肝者主筋，罢极之本，藏血之脏；脾者主肌肉，仓廪之本，水谷之海，五脏六腑之大源。腰为筋骨肌肉之体，屈伸转侧俯仰，全籁肝脾肾的濡养而行其功。然肾藏之精，需脾胃后天之精不断滋养；肝藏之血，赖水谷精微化生；肝有所藏则脾功能正常。肝、脾、肾之间的功能是相辅相成的。故肾虚虽为腰痛之本，但亦不可忽视肝脾的作用，在施治过程中视有无肝脾之不足而辨证潜方用药。

2. 瘀血气滞论

瘀血和外伤常一并提出，瘀血是外伤的病理产物。但瘀血并不一定都是外伤所引起，长期劳损等也可致腰部血脉不畅而腰痛。《内经》关于外伤和瘀血的论述只在《素问·刺腰痛论》中提及："衡络之脉令人腰痛，不可以俯仰，仰则恐仆，得之举重伤腰，衡络绝，恶血归之"。虽然将两者作为腰痛致病原因的提出晚于肾虚论和外邪论，但同样具有普遍性，被广大医家所接受和继承。《诸病源候论》指出："四曰暨腰，坠堕伤腰，是以痛"，又说："暨腰者，谓卒然伤损于腰，而致痛也，此有损血搏于背脊所为"，说明外力伤及腰部可致腰痛，并且其病理基础为"损血搏于背脊所为"。同样，《备急千金要方》和《外台秘要》也认为坠堕伤腰可以致腰痛。《三因极一病证方论》指出："臀腰痛者，伛偻肿重，引季胁痛。因于坠堕，恶血流滞。……致腰疼痛"，治法予补泻施治，方用熟大黄汤和橘子酒。《东垣试效方》和《兰室秘藏》用破血散疼汤和地龙散治疗恶血腰痛。《丹溪心法·腰痛》指出"腰痛在湿热、肾虚、瘀血、挫闪、痰积"。《脉因症治·腰痛》曰："瘀血，因用力过多，堕坠折胁，瘀血不行"。《医学心悟》："腰痛，有风，有寒，有湿，有热，有瘀血，有气滞，有痰饮，皆标也。肾虚，其本也"。《张氏医通》云："其有风寒湿热散挫瘀血滞气痰积。皆为标病。而肾虚则其本也"。《丹台玉案》曰："有瘀血腰痛者，因跌仆坠堕伤及"，说明瘀血腰痛的病理基础为"跌仆坠堕伤及"。《医学六要》又曰："腰痛有湿热，有湿痰流注，有闪朒，有瘀血，有肾虚，有气滞，有寒，有风"。总之，在对腰痛的认识发展过程中，此两者一直是腰痛的主要病因之一，并且瘀血常继发于外伤之后，不可绝对分开。外伤后不仅可引起血瘀，亦可引起气滞。故气滞也为外伤腰痛的病理机制，关于气滞能致腰痛，古籍广有记载，《严氏济生方·腰痛》云："又有堕坠闪朒，气凝血滞，亦致腰痛"。《金匮翼》《张氏医通》《医学心悟》《类证治裁》《杂病源流犀烛》《证治汇补》等都认为气滞为腰痛病因。腰腿痛大多属腰椎退行性病变，即肾虚为本，经脉阻滞为标所致，每用补肾化瘀通络方中酌加香附，义取化气导滞、开郁止痛之意。

3. 情志失调论

腰痛的发生与情志有关，《素问·脏气法时论》："心病者，虚则胁下与腰相引而痛"，这是情志致腰痛的最早记载。《灵枢·本神》曰："肾盛怒而不止，则伤志，志伤则喜忘其前言，腰脊不可以俯仰屈伸"。《三因极一病证方论》曰："失志伤肾，郁怒伤肝，忧思伤脾，皆致腰痛"，明确指出内伤情志腰痛与肝脾肾有关，治疗"从内所因调理施治"。《济生方》云："肾脏既虚，喜怒忧思得以伤之，遂致腰痛"，并以小七香丸治郁怒忧思，气滞之腰疼。《脉因症治·腰痛》曰："盖失志伤肾，郁怒伤肝，忧思伤脾，皆致腰痛"。《症因脉治》将腰痛病因分为外感和内伤，内伤腰痛包括怒气郁结所致。《证治准绳》云："郁怒伤肝则诸筋纵弛，忧思伤脾则胃气不行，两者又能为腰痛之冠，故并被之"，郁怒伤肝发为腰痛，宜调肝散主之。忧思伤脾发为腰痛，宜沉香降气汤和调气散，姜、枣煎主之。《证治汇补·腰痛》曰："面黧腰胀，不能久立者，失志伤心，血脉不舒也。腹满肉痹，不能饮食者，忧思伤脾，胃气不行也。胁腰胀闷，筋弛白淫者，郁怒伤肝，肾肝同系也"，认为情志内伤为心肝脾有关。《景岳全书》云："郁怒而痛者，气之滞者。忧愁思虑而痛者，气之虚也"，认为伤肝腰痛为气滞，伤脾腰痛为气虚，当辨其所因而治之。《仁斋直指方·腰痛》指出："五脏皆取气于谷，脾者肾之仓廪也，郁怒伤肝则诸筋纵弛，忧思伤脾则胃气不行，两者又能为腰痛之寇"。总结而言，情志失调主要于肝脾有关，现代临床也常有治验。如肝脏气血失调，影响循行腰两侧的足厥阴肝经，可产生腰痛。厥阴肝经在腰部与带脉相连，肝病失调涉及带脉，影响其经脉的循行部位，发生腰痛。因此，着眼肝脏气血，兼顾相关经脉，治疗以上类型的腰痛，就能取得较满意的疗效。肖氏临床上用疏肝理气法治腰痛多例，都收到了良好的效果。从肝论治腰痛的关键，在于调畅气血。通过治肝调肝，使肝的气机调畅，气血调和，血脉通利，达到提高治疗腰痛效果的目的。

4. 经络论

《灵枢·经脉》曰："足少阴之别，名曰大钟，当踝后绕跟，别走太阳。""实则闭癃，虚则腰痛，取之所别也。""膀胱足太阳之脉，……是动则病冲头痛，目似脱，项如拔，脊痛腰似折。""肝足厥阴之脉，……是动则病腰痛不可以俯仰。"《素问·脉解》曰："太阳所谓肿腰椎痛者，正月太阳寅，寅太阳也，正月阳气出在上而阴气盛，阳未得自次也，故肿腰椎痛也。少阴所谓腰痛者，少阴者肾也，十月万物阳气皆伤，故腰痛也。""所谓腰脊痛不可以俯仰者，三月一振，荣华万物，一俯而不仰也"。《素问·骨空论》曰："督脉为病，脊强反折。腰痛不可以转摇，急引阴卵，刺八髎与痛上，八髎在腰尻分间"。《素问·热论》曰："伤寒一日，巨阳受之，故头项痛，腰脊强"。《素问·刺疟》曰："足太阳之疟，令人腰痛。足厥阴之疟，令人腰痛。肾疟者，令人洒洒然腰脊痛。先腰脊痛者，先刺郄中出血"。《素问·刺腰痛》论述了足三阳、足三阴及奇经八脉腰痛的症状和针灸治疗。这些内经中出现的论述说明，腰痛与行与腰部的经络有关，或为经络空虚无以所养，或为经络受邪而不通，并阐明了经络致腰痛的发生机理。后世医家继承《内经》的思想，认为腰痛与经络有关，但各有侧重。《东垣试效方》《医学正传》《证治准绳》《医学六要》《症因脉治》等认为与足六经有关，并且《症因脉治》有区别六经症状之不同而分经论治方。《景岳全书》认为与足太阳、足少阴及冲任督带有关。《张氏医通》认为与太阳，足少阴有关。现代临床实践中以经络辨证治腰痛较少，但对针灸取穴治疗腰痛意义较大。

二、腰痛病的鉴别诊断

肖氏认为，现代人有许多不良的生活习惯容易引起腰部疾病，而其中最常见的有这么几种：腰椎间盘突出症、腰椎管狭窄症、退变性脊柱侧凸、腰椎滑脱症及腰椎转移性肿瘤等。且这几种常见的腰部疾病并不难鉴别。

第一，腰椎间盘突出症，主要是因为腰椎间盘各部分（髓核、纤维环及软骨板），尤其是髓核，有不同程度的退行性改变后，在外力因素的作用下，椎间盘的纤维环破裂，髓核组织从破裂之处突出（或脱出）于后方或椎管内，导致相邻脊神经根遭受刺激或压迫，从而产生腰部疼痛，一侧下肢或双下肢麻木、疼痛等一系列临床症状。坐骨神经痛这种常见病绝大多数就是由腰椎间盘突出引起，另外，突然地负重或闪腰、腰部外伤、姿势不当、受寒受湿等也都会引起这个疾病，而它最主要的临床表现为腰背部疼痛，下肢放射性疼痛，由于腰椎间盘突出多发生在腰4、腰5和腰5骶1椎间隙，而坐骨神经正是来自腰4、腰5和骶1～3神经根，所以腰椎间盘突出患者多有坐骨神经痛或先从臀部开始，逐渐放射到大腿后外侧、小腿外侧、足背及足底外侧和足趾。当咳嗽、打喷嚏及大小便等腹内压增高时下肢放射痛加重，腿痛重于腰背痛是椎间盘突出症的主要体征之一；还有麻木及感觉异常，发病时间较长者也会出现肌肉瘫痪、间歇性跛行等表现，90%以上的患者都有不同程度的功能性脊柱侧凸，多数凸向患侧，少数凸向健侧，而侧弯也是减轻突出物对神经根压迫的一种保护性措施。

第二，腰椎管狭窄症，是指凡造成腰椎椎管、神经根管及椎间孔变形或狭窄，而引起脊髓、神经或血管受到刺激或压迫，并产生腰痛、腿痛脚麻和间歇性跛行的临床表现。腰椎管狭窄症还有个很大的特点，患者一般有长期反复的腰腿痛，间歇性跛行，严重者有下肢麻木无力、步态不稳，排尿困难，鞍区麻木等表现。就像俗话说的那样："走路不过百米，骑车可行百里。"

第三，退变性脊柱侧凸。顾名思义，就是脊柱出现了异常的侧向弯曲，指发生于骨骼成熟后的脊柱畸形，多由椎间盘退变、骨质疏松引起的病理骨折及椎间失稳所致，畸形常见于胸腰段和腰段，主要发生于50～60岁以上的老年人，临床表现为不同程度的腰部酸困、疼痛。间歇性跛行是退行性脊柱侧凸最常见的临床表现，它是由于退变和脊柱侧凸共同导致腰椎椎管狭窄所致。根据椎管狭窄部位和程度不同，患者可表现不同的下肢症状，如腰背部疼痛、步行距离缩短、下肢酸痛、麻木，不能久坐久站，神经根性疼痛主要与侧隐窝狭窄和畸形凹侧神经根受压或凸侧神经根受牵拉有关，中央管狭窄可导致间歇性跛行，部分患者有小便失禁。退变性腰椎侧凸常呈隐匿发病，逐渐加重，患者往往因为出现临床症状到医院就诊时才发现腰椎侧凸，伴有临床症状的腰椎侧凸患者往往脊髓发出的腰椎神经在腰椎管内、侧隐窝、神经根管受到压迫，引起患者下肢的酸痛、步行距离缩短等下肢症状，同时因腰椎的退变和腰椎管内神经的受压，引起患者的腰部疼痛等症状。

第四，腰椎峡部，系指上、下关节突之间的狭窄部分，此处骨质结构相对薄弱，易发生崩裂。峡部崩裂以后，椎弓分为两部分，上部为上关节突、横突、椎弓根、椎体，仍与上方的脊柱保持正常联系；下部为下关节突、椎板、棘突，与下方的椎体保持联系。而两部之间失去骨性联结，上部因失去限制而向前移位，表现为椎体在下方椎体上向前滑移，称为腰椎滑脱。早期腰椎峡部崩裂和腰椎滑脱者不一定有症状。部分患者可有下腰部酸痛，其程度大多较轻，往往在劳累以后加剧，也可因轻度外伤开始，疼痛可同时向骶尾部、臀部或大腿后方放射。若并发腰椎间盘突出症，则可表现为坐骨神经痛症状。腰椎滑脱者可出现腰向前凸、臀向后凸、腹部下垂及腰部变短的特殊外观。

第五，腰椎转移性肿瘤，可引起一组症候群，包括疼痛、活动性或自主性功能障碍、感觉障碍，这些主要取决于肿瘤生长速度、骨质受累和破坏程度、神经受压程度和系统性疾病的程度。转移瘤也可导致神经根受累和脊髓受压，相应引起神经根病和脊髓病。疼痛是有症状的腰椎转移瘤患者中最常见的主诉，另一个最常见症状就是运动功能障碍。

这几种疾病分别都有其比较特别的临床表现，再结合影像和生化上的一些检查结果，并不难鉴别。

三、辨证腰痛的理论特色

（一）肾阳不足，督络痹阻

肾虚致腰痛是中医古籍中提出的最早论点，并被后人沿袭继承至今，具有广泛的影响。《素问·上古天真论》中详细阐述了肾脏在人一生中的代谢变化，是为先天之本。《素问·脉要精微论》指出"腰者，肾之府，转摇不能，肾将惫矣。肾脉搏坚而长，其色黄而赤者，当病折腰"，明确指出肾虚是腰痛的原因之一。《素问·六元正纪大论》云："房室劳伤，肾虚腰痛者，是阳气虚弱不能运动故也"，阐述了肾虚腰痛的发病机制。张仲景以八味肾气丸治疗虚劳腰痛，意在补肾以强腰。《诸病源候论·腰痛候》曰："肾虚，役用伤肾是以痛"，且认为其他致腰痛病因皆与肾虚有关，即所谓："邪之所凑，其气必虚，若肾气充盛则邪气必不可干。"《备急千金要方》《外台秘要》的认识与《诸病源候论》相同，认为肾虚为腰痛病因之一，而且是其他病因的基础。《三因极一病证方论》曰："夫腰痛，虽属肾虚，亦涉三因所致，在外则脏腑经络受邪，在内则忧思恐怒，以至房劳坠堕，皆能致之"，认为肾虚是致腰痛的根本原因。《丹溪治法心要》指出腰痛病因有"肾虚、瘀血、湿热、痰积、闪挫"，并强调肾虚的重要作用。《医学心悟·腰痛》曰："腰痛，肾虚，其本也"；《医学六要》亦曰："腰痛，肾虚是本"；《临证指南医案》云："则腰痛一症，不得不以肾为主病"；《景岳全书》亦云："凡病腰痛者，多由真阴之不足，最宜以培补肾气为主"。《杂病源流犀烛》曰："总之，诸般腰痛，其源皆属肾虚"。对于治疗《证治汇补》说："治唯补肾为先，而后随邪之所见者以施治。标急则治标，本急则治本"。《医学心悟》曰："然肾虚之中，又须分辨寒热二证……，此为阳虚，须补命门之火，……斯为阴虚，须补先天之水"，说明对于肾虚治疗要分清寒热的不同来辨证施治，还要分清标本主次。其实在《内经》论述肾虚可致腰痛后，后世医家无不认为肾虚是致腰痛的主要及根本原因，均主张治疗以补肾为主。这也是现代中医多推崇肾虚论的主要原因。

（二）常异结合，病症合参

腰痛肾虚络痹的发病基础和腰部督络痹阻、经气不利的病机，是所有腰痛疾病的共性，此为常。而腰椎间盘突出症、腰椎管狭窄症、腰椎滑脱症、退行性脊柱侧凸等疾病病变部位和程度，在解剖结构或形态上的病理变化为腰痛之异，在辨证论治时要常异结合，即辨病与辨证相结合。肖氏主张先辨病后辨证，病证结合诊断。辨病即是辨异，辨明引起腰腿痛的疾病类型，确定致痹的性质、病变部位和程度，探明在解剖结构或形态上的病理变化，包括 X 线摄片、造影、CT 和 MRI 等影像学检查和肌电图检查，为临床确立治疗方法和疾病预后提供正确指导。辨证可明确腰腿痛与脏腑、气血、经络、邪浊的病理变化及其与腰部督络痹阻的关系，详辨病机发展变化，病情轻、重、缓、急之分，病位在经、在络、在气、在血之殊，病程长、短之别，为施治提供依据。详细、准确地询问病史和全面体检均是获得诊断资料的重要途径，诊断时需常异结合、病症合参，才是正确施治的基础。

（三）补肾蠲痹，通督疏络

补肾蠲痹乃治腰痛顽痹之本，其间包括两层含义：一则补益肝肾精血；二则温补肾督阳气，阴充阳旺，自可祛邪外出，又可御邪再侵，筋强骨健。但肖氏认为此仅为扶正固本的通用治则，因腰痛顽痹病机复杂，若仅以此一法治，恐难奏效，故又佐通督疏络以治标。通督疏络的方法很多，如养血驱风通络、散寒除湿通络、活血化瘀通络、虫蚁搜剔通络等，可依据病情，随证结合，灵活应用。督络痹位置深在，尤其是病程较久者，邪气久羁，深入筋骨，瘀血凝滞不行，变生痰湿瘀浊，经络闭塞难通，不是一般活血和营之品所能宣达，必借发散走窜之品，搜剔经络，祛除深伏之邪。舒筋活络、驱风除湿类的威灵仙、白芥子，虫类药物的地鳖、蜈蚣、全蝎等为常用之品。《三因极一病证方论》用鹿角丸：治肾虚伤冷，冷气入肾，方用鹿角屑、附子、桂心；神应丸：治肾经不足，风冷乘之，腰痛如折，痛引肩臂俯仰不利，转侧亦难，或役用过度，劳伤于肾，或寝卧冷湿，方用威灵仙、桂心、当归，均为通经之用。

在遣方用药时，肖氏以左、右归饮加通络药为基本方，正如《景岳全书》云："腰者肾之府，……凡病腰痛者，多由真阴不足，最宜以培补肾气为主，其有实邪为腰痛者，亦不过十中之二三耳。腰痛多为肾虚，久腰痛必为肾虚。"凡肾水真阴亏损、精血衰少而痛者宜当归地黄饮及左归饮，右归丸为最。若病稍轻或痛不甚者，如青娥丸、煨肾散、补髓丹、二至丸、通气散之类，俱可择用。"总以补肾助真元，宣通经络，使气血流通，则痹自已"（《类证治裁》）。肖氏应用虫类药物基于"久痹入络"一说，如《景岳全书》所云：（痹）热多者是阳证，无热者是阴证，然痹本阴邪，故唯寒者多而热者少也。阴痹须借虫蛇之类搜剔穿透，方能使浊去凝开，气通血和，经行络畅，深伏之邪除，困滞之正复。另外，应用虫类药还十分重视虫药的特性，在辨证的基础上，善与其他药物密切配合，以提高疗效。如风寒湿甚者以配鸡血藤、络石藤；郁热者以地龙配知母、黄柏等；夹痰者以僵蚕配白芥子、半夏；夹瘀者以地鳖虫配桃仁、红花；痛甚者以全蝎研末吞服并配以玄胡；免疫功能低下者以蜂房配仙灵脾、生黄芪。虫药多为辛燥之品，临证用药，应配伍养血滋阴之品制其偏性，如地黄、石斛等养血滋阴之品及引经之药如牛膝、狗脊，引药力达到腰腿，提高疗效。多年实践证明，合理应用虫类药，确有逐顽痹、起沉疴之效。

补肾通络法旨在补益肾精、疏通络阻，治疗目的并不在于解除有形致痹物，而是通过调理脏腑、气血、经络机能状态纠正阴阳失衡，从而改善局部病变，达到通利经络、畅通痹阻之目的。肖氏认为病症发生与经络、神经内分泌免疫网络有内在联系，补肾药通过调节下丘脑、神经内分泌免疫网络、下丘脑—垂体—肾上腺—胸腺轴的来发挥治疗作用。在临证中亦多用补肾阳类药物，充分体现了辨证与辨病相结合，微观与宏观结合的中西医诊治思路。

（四）以人为本，活法诊病

近当代诸多名医都有自己独特的经验用药，如焦树德治疗类风湿关节炎和强直性脊柱炎的补肾壮督汤，李可的肾四味（枸杞子、菟丝子、仙灵脾、补骨脂），国医大师朱良春虫类药的应用。治疗并吸收现代络病理论，注重活血通络、补气通络、辛温通络、虫类药搜风通络等。肖氏在诊余总是精勤不懈地钻研各个医家的用药经验，并且大胆应用到自己的临床，常常会有新的收获。

现代医学技术进展很快，肖氏在临证中不拘泥于单纯中药内治，而是根据病情进展，病症合参，采用内治与外治相结合的方法，制定以人为本的个性化诊疗方案，提高疗效；针对一些有明确手术适应证的患者，往往建议非手术疗法与手术疗法相结合，不延误病情。如退变性脊柱侧凸所致的节段性神经根受压、腰椎间盘突出症髓核脱出或游离于椎管内、腰椎中央管或神经根管骨性狭窄、腰椎不稳症等，肖氏认为必须通过手术直接解除腰部神经组织的有形致压物，重建脊柱的稳定性，通督疏络。通过手术来通畅腰部痹阻经络是最直接的通督疏络之法，而结合围手术期的中医药治疗，祛除导致督络痹阻之无形病理产物，术后合理运用活血化瘀、利水消肿中药，以解除其麻木、疼痛等遗留症状，预防因椎管内瘢痕粘连所引起的腰椎手术失败综合征的发生，则是间接的通督疏络之法。区分手术与非手术保守治疗的节点，关键在于如何病症合参，审时度势。

肖氏对 1997 年 1 月至 2006 年 8 月间在浙江省中医院住院治疗的腰椎间盘突出症患者 6000 例进行了回顾性随访，共随访到患者 908 例。发现手术治疗与非手术治疗都能改善患者的功能，并且手术治疗的优势更为明显，但是这种优势随着时间的推移逐渐变弱。肖氏认为，手术治疗的优势主要表现在一些症状严重的患者经手术治疗能快速缓解疼痛与恢复患者功能。而非手术治疗则起效时间相对较慢，效果相对较差。肖氏通过分析认为手术治疗有一定的优势主要归因于以下几点：①严格的把握手术适应证，选择合适的病例；②优良的手术技巧、有限的手术创伤及彻底清除神经根致压因素；本研究手术组 337 例患者中 226 的患者采用开窗髓核摘除术，该术式对脊柱后柱的结构破坏相对较少，同时在手术中肖氏彻底地切除椎间盘的髓核组织，而尽量地保留正常的椎间盘组织，以维持腰椎生物力学的相对完整，同时注重椎间盘功能的重建，提高了手术的疗效；③术后给予患者正规的康复训练；研究中所有手术患者于术后 1 周开始指导其进行正规的腰背肌功能锻炼，腰椎间盘突出症术后的康复训练有助于恢复肌肉的体积强度和耐力，纠正小关节紊乱，减少结缔组织增生，增强脊柱稳定性，巩固和提高治疗效果；④无论何种非手术疗法都只是相对地改变神经根与突出物的位移关系，无法彻底解决神经根的致压因素，因此，症状容易反复，疗效相对较差。但是随着时间的推移手术治疗的优势逐渐消失，其原因可能为：术后随着时间的推移，手术间隙退变发生，椎间隙高度下降，在固定负荷下将增加神经根及与之相连的纤维压应力，小关节退变也是椎间隙高度丢失的代偿结果。此外椎间盘摘除不彻底会导致椎间盘突出复发，以及相邻椎间盘负荷增加，导致其退变，突出概率增大。随着时间的推移，相关病变更加明显，如相邻节段的椎管狭窄、继发性腰椎滑脱和假关节形成。这些都导致手术治疗疗效的下降。尽管手术治疗有一定的优势，但并不表示对所有腰椎间盘突出症都不必进行保守治疗，相反肖氏认为保守治疗亦是十分必要的。

（五）病案实录，临证体悟

病案一 患者，张某，男，62 岁，反复腰痛不舒，夜间痛 2 年余，掣及两腿疼痛，不能久行 2 个月余。并以常服止痛片减其苦，不能劳动，殊为苦闷。时有畏寒、肢冷。X 线：椎体边缘骨质增生，椎间隙变窄，腰椎的退行性变、腰椎侧凸。MRI 示：腰部各椎间盘变性伴 $L_3 \sim S_1$ 椎间盘膨出，硬膜囊轻度受压。舌质红、苔薄白、脉沉细。诊为腰痛顽痹，拟补肾助阳右归饮加减：熟地 24g、山药 12g、山萸肉 12g、当归 10g、杜仲 12g、菟丝子 12g、全蝎（研吞）4g、广地龙 10g、酒元胡 10g、狗脊 10g、仙茅 10g、淫羊藿 10g。另加生姜 3 片、大枣 12 枚，水煎服，日一剂。15 剂后畏寒肢冷消失，腰痛症状缓解，步行距离较前有明显增加。去仙茅、淫羊藿，加僵蚕、地鳖，续服 15 剂，腰痛消失。并能直立行走，能从事一般轻活，唯觉口燥而干，舌质红，脉细弦，有伤阴之征，上方去虫类药加生地黄、生白芍、川石斛各 30g，以巩固疗效，一年随访，腰痛未复发。

病案二 患者，许某，男，66 岁，于 5 年前无明显诱因下出现腰痛，逐年加重，1 年前开始出现双脚胀痛，行走后加重，经中西药、针灸、理疗治疗未效。查体：脊柱存在侧弯；$L_{3\sim4}$ 椎体及右侧椎旁轻压痛，叩击痛（+），左侧椎旁压痛较右侧为轻。双下肢直腿抬高试验（-），双侧足底麻木疼痛；左足踇趾背伸肌力尚可，右足踇背伸屈肌力降低。双侧足背感觉正常。双侧

浙江中医临床名家·肖鲁伟

跟膝腱反射减弱。影像学表现：①X线示（2006年）：胸7至腰5退行性改变；②X线示（2010年）：腰椎退行变，脊柱侧凸。舌质红、苔薄白、脉沉细。予补肾助阳右归饮加虫类通络药加减治疗3个月，效果不明显。予腰椎MRI检查：腰部各椎间盘变性伴$L_{2\sim3}$、$L_{3\sim4}$、$L_{4\sim5}$椎间盘膨出，硬膜囊受压明显，黄韧带肥厚，椎管狭窄；肌电图：双侧胫神经传导速度减慢，诊断为腰痛顽痹（腰椎间盘突出伴相应节段椎管狭窄症，退行性脊柱侧弯）。以其病情较重、邪已深入骨髓、骨节，非手术通督疏络，不能奏效。遂在全麻下行"椎板减压＋髓核摘除＋椎弓根螺钉内固定＋Cage植骨融合术＋脊柱侧弯矫形术"，术程顺利，术后安返病房。术后患者自觉足部疼痛麻木缓解，较住院前明显减轻，予中药活血化瘀，利水消肿治疗1周后下地行走，2周后出院，足部疼痛麻木完全消失，带中药右归饮15剂回家煎服，1个月后复诊，诉全身情况良好，无明显不适，已能参加轻体力劳动，1年随访腰痛未复发。

按语 以上两例，均诊为腰痛顽痹，肾阳增龄性不足、筋骨退行性改变为其本；腰部督络痹阻、经气不利为其标。然证情有轻重。

病案一患者督络痹阻、经气不利证情较轻，邪在经藏，中药右归饮加虫类通络药，标本兼治，收效较速。但风药多燥，易于伤津耗液，如本例在三诊发现口燥咽干，舌质转红，苔糙，脉弦细之征，即须随证加用滋养扶阴之品，因证制宜，随证用药，以收全功。似此患久病长期中西药误治之正虚邪恋，风寒湿或痰瘀诸邪滞于卫表，久之则邪气溢于督脉，以致督脉经气不利，络脉痹阻。因久病正虚、不耐大剂攻伐，故用右归饮以扶正，通督疏络，充分体现肖氏经方运用"原方套用、守方加减"原则。

病案二患者退变性脊柱侧凸导致的节段性神经根受压、腰椎间盘突出压迫硬膜囊、腰椎中央管或神经根管骨性狭窄等，邪已深入经隧骨髓、骨节蹉跎，非手术通督疏络，不能奏效。必须通过手术直接解除腰部神经组织的有形致压物，重建脊柱的稳定性，通督疏络。肖氏认为后路腰椎融合术是最直接的通督疏络之法，仍然是目前中医临床治疗下腰痛的主要方法之一，适应证的良好把握、融合方式的合理选择、手术步骤的正确操作是影响临床疗效的重要因素。而术后运用活血化瘀、利水消肿中药，祛除导致督络痹阻之无形病理产物，以解除其麻木、疼痛等遗留症状，则是间接的通督疏络之法。中西医的良好结合体现了"以人为本，衷中参西"的治则。

四、治疗腰痛的遣方用药

（一）于平淡之中见真章

肖氏的处方平淡无奇，却堂堂正正，多数源于经方以及教科书《方剂学》里的方，再加以简单化裁。常用方剂不过 20 个左右，其中独活寄生汤、六味地黄丸、桂枝汤等尤为常用。正所谓平平淡淡才是真，就是这些平淡无奇之方药，在肖氏妙手巧用之下，许多患者虽沉疴多年，每每豁然而愈，令人叹为观止。

（二）立方遣药，贵在精简

当今中医界，许多医生喜欢开大方、开贵药，有些是利益驱使，更多的是技术水平不够，怕药少治不好病，只好韩信将兵，多多益善，采用药海战术，每方动辄二十多味，殊不知是药三分毒，用药过多导致旧病不除，又添新疾。而药味数量的增多也加重了病人的经济负担，浪费药材资源。肖氏用药精简，每方最多十二三味，就是这寥寥数味药，却愈人无数。另外，肖氏对一些贵重的药，在不影响总体疗效的前提下，尽量少用，甚至不用，如人参、山甲及一些虫类之品，多不用或少用，或以功效相同而价格低廉药物替代，大大减轻了病人的经济负担。对那些毒副作用较大、会引起医疗纠纷的药物，如川草乌、何首乌等药物也不常用。

（三）慎用苦寒，顾护脾胃

薛己《正体类要》曰："肢体损于外，则气血伤于内，荣卫有所不贯，脏腑由之不和。"说明外伤可损及气血脏腑，而脾胃损伤表现尤为明显。肖氏认为，骨伤科疾病多为病程缠绵，日久难愈，故需长期服药；且肾虚作为前提条件，但肾与脾分别为人的先天之本与后天之本，肾虚日久，病变必累及于脾，即肾之阴阳两虚而产生纳呆、腹胀、便溏、消瘦、倦怠乏力等脾虚之证候。因此，一则嘱患者于早晚餐后 1 小时左右服中药，二则在药物配伍应用中切不可缺少"健脾和胃"之品，如焦三仙、红枣之类。

骨伤病损在血，耗精在气，而脾胃为生化之本，因此，肖氏将东垣的脾胃论与张景岳的温补理论的调治结合起来，形成了治骨伤以肾为主，常宜温补脾胃的特点，在骨伤科临床上独树一帜。因此，肖氏在诊治此病过程中，凡遇脾胃虚弱、气血不足之患，纵然也施壮肾填髓、活血通络、散寒止痛之法，然每每遇此患者，肖氏均加一到两味养胃护胃健脾消食之药，助之改善脾胃，调和气血。用药后再视之，则多表现面色红润、精神饱满、症状多缓解。此为气血调和阴平阳秘、精神乃至，从而增强了患者战胜疾病的信心。可见脾、肾双调两者互补，相得益彰，不失中医整体观之宗旨。

保全胃气是基础。纵观肖氏的药方，每方基本有一到两味养胃护胃健脾消食之药，谷麦芽、神曲、山楂等常见于各方之中是一大特色。众所周知，骨伤的方药多数有损脾胃，"伤药伤胃"，正因为有这些养胃、护胃之品的保驾护航，病人虽然较长时间服药，却鲜有脾胃不适。脾胃为后天之本，气血生化之源，脾胃负责运化水谷，也负责吸收药性，因此，脾胃健康是治愈疾病的重要保证。

第二节 "肾髓同治"股骨头坏死

股骨头坏死（osteonecrosis of the femoral head，ONFH）是指由于不同原因使股骨头发生部分或完全性缺血，导致股骨头结构发生变化，引起股骨头塌陷、髋关节疼痛和功能障碍的疾病，是临床常见的骨科疑难疾病，在骨关节疾病中，素有"不死的癌症"之称。由于该病中后期股骨头坏死塌陷，造成的髋关节疼痛和功能障碍较为严重，手术治疗有一定的适应证，不宜采取手术治疗的患者依然为数不少，而且手术治疗的远期效果不尽如人，所以在股骨头坏死的发病机制尚不明确的情况下，中医药防治股骨头坏死的研究受到广泛关注。

骨蚀的记载最早见于《灵枢·刺节真邪》中"虚邪之中人也，洒淅动形，起毫毛而发腠理。其入深，内搏与骨，则为骨痹"。

《脾胃论·脾胃盛衰论》指出："大抵脾胃虚弱，阳气不能生长，是春夏之令不行，五脏之气不生。脾病则下流乘肾，土克水，则骨乏无力，是为骨蚀，令人骨髓空虚，足不能履地。"明确指出骨蚀的病位在骨，病因病机责之于脾胃虚弱，脾胃阳气不能升发，失去对五脏的濡养致五脏虚损。另外，特别强调脾土对肾水的克制，脾虚导致肾虚，使肾不能主骨生髓，成为骨髓空虚的骨蚀。骨蚀的临床表现为骨乏无力和足不能履地。

对股骨头坏死的发病机制和防治研究始终是医学界的研究热点。20世纪90年代初，肖氏开始带领团队对股骨头坏死防治领域的潜心研究。

以往临床上针对股骨头坏死的治疗方法很多，包括股骨头髓心钻孔减压、植骨、带血管蒂的游离骨瓣移植、人工关节置换手术等，但这些治疗方法的成功率都不高，并没有涉及根本，原因就是对疾病的成因不太了解。而肖氏领衔的课题组在潜心研究近20年后，终于在2013年发现了该病的发病机制，找到了骨坏死而导致塌陷的原因。

"每个人体内都有破骨细胞，它活动频繁就会导致该病发生。"肖氏说，破骨细胞能"吃"骨头，通过破坏软骨下骨引起塌陷，塌陷程度与破骨细胞的活性有关，而他们通过基因沉默手段抑制破骨细胞活性，使破骨细胞对骨表面的黏附能力减弱甚至凋亡后，骨坏死塌陷情况就会有所减轻。

为了切实解决骨关节疾病预防与治疗的疑点与难点，肖氏团队借助现代科学和技术，加强中医理论的提升和创新，将肾主骨生髓理论、基因敲除及转基因技术、分子生物学技术等相关的技术方法应用于骨伤常见病和难治病的应用基础研究。找到原因后，肖氏团队在此基础上研制高特异、高功效的破骨细胞抑制剂，对骨坏死塌陷进行靶向治疗，有效抑制了导致股骨头坏死发病的基因表达，从而中止了破骨细胞对骨的破坏，从而阻滞了股骨头坏死后的塌陷，克服了以往破骨细胞抑制剂特异性低、副作用大等问题，有效抑制率高于同类产品。

一、辨证股骨头坏死的理论特色

（一）"药毒蚀骨"的致病学说

祖国医学典籍中虽无股骨头坏死这一病名的记载，但依据其发病部位、病因病机以及证候特点，认为该病属"骨痹""骨蚀""骨痹""骨痿"等范畴。目前，股骨头坏死的发病学研究仍徘徊于骨内高压、脂肪栓塞、缺血缺氧等学说，而中医病机仍把该病归结为骨痹、骨痿、骨蚀等范畴。自1957年Piet rogrand等首次报道长期使用大剂量糖皮质激素引起股骨头缺血性坏死以来，随着激素在临床上的广泛应用，人们发现激素性股骨头坏死（steroid-induced avascular necrosis of femoral head，SANFH）逐年增多，并占非创伤性股骨头坏死的首位。肖氏对SANFH的中医病因病机研究上，提出了药毒蚀骨的观点。肖氏认为激素的细胞毒作用、血管内凝血、潜在血管炎及血管损伤、前凝血状态下应用激素等是股骨头坏死发生的一个重要诱因。此外，由于平素体弱，肾气不足，肾主骨生髓，筋骨失养，或复受外邪，风、寒、湿侵袭致脉络痹阻；或受外伤致气滞血瘀；或嗜欲不节、过食肥腻、嗜酒过度致内生痰湿，气血不通；或体虚多病，长期服用糖皮质激素，药毒侵蚀骨骼致气血不通。"药毒蚀骨"成为股骨头坏死的致病学说之一。

（二）"肾虚髓减"的病机本质

《素问·宣明五气》云："五脏所主，肾主骨"。《素问·阴阳应象大论》："肾主骨髓"。"肾主骨"即是指肾主管骨骼的健康，具备藏精和生髓功能。具体地说，肾所藏之精可化髓养骨，骨赖髓以充养，是骨生长、发育的物质基础。肾气的盛衰与骨骼生理、病理有着密切的联系。"肾主骨，生髓""肾在体合骨，主骨生髓"等中医骨生理学理论，是《内经》在长期实践过程中总结得出的，是符合生命规律及临床实践的正确结论。

宋代钱乙谓："肾主虚，无实也"，金元之大家张元素《医学启源》亦云："肾本无实，本不可泻"。肾虚的本质是肾中精气阴阳的不足，不管是先天因素还是后天因素引起的肾虚，对机体骨骼均产生影响。国内医学界运用现代医学技术对中医学"肾"本质的研究多集中在下丘脑－垂体－靶腺轴（HPA轴），以沈自尹院士为代表，多认为肾本质与神经内分泌免疫调节网络有关，提出"肾阳虚"是HPA轴功能的失常，推测肾阳虚证发病环节主要在下丘脑。因此，肾虚理论多围绕神经－内分泌－免疫调节网络，HPA轴是神经内分泌系统的高级整合中枢，对于实现内环境稳态十分重要。

本着科学的态度和严谨的治学，加上浙江省骨伤研究所研究力量，肖氏对股骨头坏死疾病机制的研究从"肾虚证"延伸到了对奇恒之腑"髓"的研究，病机从"肾虚证"深入到了"肾虚髓减"的研究，从HPA轴深入到干细胞与骨系细胞层面。奇恒之腑"髓"是维持人体生命活动的基本物质，类五脏贮藏精气，具有养脑、充骨和化血的功能。多项研究表明中医"髓"在来源、分布和功能上与现代医学的干细胞及组织微环境高度相似。造血干细胞（hemopoietic stem cells，HSCs）迁移到骨髓发挥造血功能，间充质干细胞（mesenchymal stem cells，MSCs）参与诱导、调节骨髓造血干细胞和基质的发育，具有分化成骨、软骨、肌肉、肌腱、脂肪等组织的能力，体现了"髓藏精气，充骨化血"的生理功能。干细胞微环境正常则骨系细胞阴平阳秘，髓足骨强，反之干细胞功能紊乱则骨系细胞阴阳失衡，发生髓减骨枯。

肖鲁伟项目组应用分子遗传学手段，发现甲状旁腺激素（PTH）、糖皮质激素（GC）和促红细胞生成素（EPO）可以调控干细胞的生物学性能，促进骨髓间充质干细胞（BMSCs）的动员、增殖、分化。HPA轴可调控BMSCs成骨矿化结节的形成。干细胞迁移、增殖、分化的生物学功能和干细胞及其微环境对骨系细胞的调控功能，决定骨"髓"的生物学活性。因此，下丘脑—垂体—肾上腺（HPA）通过调控干细胞及其微环境（stem cell）直接或间接调控骨系细胞。因此，"髓系骨病"的生物轴为下丘脑—垂体—肾上腺—干细胞—骨系细胞轴（HPA-SO轴）。HPA-SO轴调控着骨吸收和骨生成的周期性的、动态的、稳定的骨重建过程，实现骨稳态的平衡和机体的阴平阳秘。因此，HPA-SO轴是一种动态的更高一级的耦联调控机制。无论是在股骨头坏死或是骨坏死发生时，均表现为破骨细胞活跃，而成骨细胞功能抑制，破骨速度大于成骨速度，在应力下，导致骨结构性破坏。反之在骨代谢失衡的同时，也可以检测到HPA-SO轴的紊乱。由此得出结论，干细胞及其微环境紊乱是肾虚髓减的特征性表现。肖氏通过对疾病机制的深入研究，再次验证了"肾虚髓减"为股骨头坏死发生的主要病机。

（三）"髓减骨枯"的病机变化

"肾主骨"源自《内经》，《素问·宣明五气》云："五脏所主，肾主骨"。概括地讲，"肾主骨"即是指肾为骨之根本，其对骨的生长，发育有主持、主宰和管理作用；具体地说，肾所藏之精可化髓养骨，是骨生长、发育的物质基础。肾为"先天之本""生命之根"，主藏精，而精能生髓，骨赖髓以充养《素问·宣明五气》的"肾生骨髓""其充在肾"，即肾精充足，骨髓生化有源，则骨骼得到骨髓的滋养而坚固有力若肾精虚少，骨髓化源不足，不能营养骨骼，便会出现骨骼脆弱，以致骨折、骨病的发生。

从以上可知，肾气的盛衰与骨骼生理、病理有着密切的联系。所以，传统中医学中指出"肾主骨，生髓"的理论，与现代医学中肾脏通过对钙和磷等矿物质的代谢作用以及肾脏对激素和细胞因子的调节，从而促进骨骼的坚固充实十分相似。

对股骨头坏死的病机主要是肝肾亏虚、气滞血瘀。肖氏创新性地提出"髓减"为本病的病理机制，并通过临床观察和理论挖掘，提出了符合股骨头坏死特点的新病机理论为肾虚、髓减、骨枯。

虽可见其他学者有认为本病属肾虚，但却忽略了对奇恒之府"髓"的辨证，忽视了"髓减"这个关键病机。髓者，肾精所生，精足则髓足；髓在骨内，髓足则骨强，若肾精亏虚、髓海空虚，则出现本病特征性的骨质坏死表现

"骨枯"。目前中医治疗股骨头坏死主要采用活血通络、补肾健骨等方法，肖氏根据肾虚、髓减、骨枯，制定了相应的益肾、调髓、活骨治疗方法，并以经典补肾方右归饮化裁为治疗 ONFH 的基础方，验之于临床取得了肯定的疗效。

1. 髓的形态部位

《素问·脉要精微论》曰："骨者，髓之腑也"。指出髓藏于骨腔之中。同时脑也为髓汇聚之处，见于《素问·奇病论》："髓者，以脑为主。"还有《灵枢·海论》："脑为髓之海。"又有《素问·骨空论》曰："髓空在脑后三分，在颅际锐骨之下。"亦记载了脊髓的起始位置。许慎《说文解字》释髓为"骨中脂也"，说明了髓的形质。

后世医家也多有记载，但多与《内经》所论相类。如"脑为髓海，故为髓会……诸髓皆属于骨"（《难经·四十五难》）。"髓者，以脑为主"（《难经·六十难》）等。

至明代李梴对髓的分布记述较规整明确，见于其所著《医学入门》："脑为髓之海……故上至脑，下至尾骶，皆精髓升降之道路。"说明髓位于脑至尾骶间。

清代王清任与前人所述相类，又有所阐发，《医林改错·脑髓说》云："精汁之清者，化而为髓，由脊骨上行入脑。"又有朱沛文的《华洋藏象约纂》云："夫居元首之内，贯腰脊之中……脑髓是也，……脊髓为脑之本。"说明脑和脊髓连接一体。

2. 髓的生理功能

（1）肾为髓主，脑为髓海，骨为髓府。《内经》中有多处此方面的记载。《素问·阴阳应象大论》和《素问·五运行大论》都有"肾生骨髓"的记载，又在《素问·平人气象论》："肾藏骨髓之气也"，还有《素问·痿论》篇，都体现了肾为髓主。《灵枢·海论》《素问·五脏生成》记载了"脑为髓之海"。《素问·脉要精微论》曰："骨者髓之府"。又《素问·解精微论》记载有"髓者骨之充也"，说明骨的生长、发育离不开髓的滋养。

王冰注《阴阳应象大论》曰："肾之精气，生养骨髓。"注《素问·五脏生成》曰："脑为髓海，故髓主之。"

随后的医籍中多有此方面记载，与《内经》所述相类。如《类经·卷六》曰："肾象水之润下，而应在髓骨。"《本草述钩元·卷三十一》："夫肾主骨主髓，髓者，骨之充也。"《医经精义·上卷》："骨内有髓，骨者，髓所生。"又《黄帝内经素问集注·卷五》记载"肾之所藏，则藏骨髓之气者也""肾生骨髓，肾脂不生，则髓不能满于骨""肾主身之骨髓""髓者以脑为主"等。

（2）髓藏精气。《素问·四时刺逆从论》："冬气在骨髓中……冬者盖藏，血气在中，内着骨髓，通于五脏。"《灵枢·经脉》："足少阴……冬脉也，伏行而濡骨髓者也。"此以冬、藏、足少阴经、肾的比类，说明了髓的藏精气功能及与肾主等五脏的关系。因髓为奇恒之府，故只有贮藏功能，也符合奇恒之府隐于人体深部的解剖生理特点。

（3）髓为液主濡养。这是相对于髓藏精气而言其功能的性质特征。髓为液主濡养，主要布施于脑骨，也是其贮藏功能的继续。《灵枢·五癃津液别》曰："五谷之津液和合而为膏者，内渗于骨空，补益脑髓，而下流于阴股。"又《灵枢·决气》曰："谷入气满，淖泽注于骨，骨属屈伸，泄泽，补益脑髓，皮肤润泽，是谓液。"。

宋代邵雍《观物外篇》论曰："胃生髓，坎为髓。"坎乃肾卦，邵氏在此概括了髓受胃中水谷和肾的共同作用。

又《本草述钩元·卷八》曰："夫骨髓原属至阴之液所化。"可见诸多医籍都对髓的生成有所论述。

3. 髓的病证

《内经》中关于髓病的记载有，《素问·奇病论》曰："当有所犯大寒，内至骨髓，髓者以脑为主，脑逆故令头痛，齿亦痛，病名曰厥逆。"可见厥逆为髓脑的病证。《素问·长刺节论》在论"骨痹"时提及"骨髓酸痛"，说明该病也与髓有关。又《素问·痿论》记载骨痿为骨髓病，曰："肾气热，则腰脊不举，骨枯而髓减，发为骨痿。"还有《素问·刺疟》记载有胕髓病，曰："酸痛甚，按之不可，名曰胕髓病。"其后有部分文献对胕髓病进行释义，如《黄帝内经素问集注·卷五·刺疟》曰："此风邪深入于骨髓中者……故名曰胕髓病。"

隋代巢元方《诸病源候论》提出了"髓蒸"病。其后《外台秘要》等医书也对其有所记载。

孙思邈《千金要方》记载有"髓虚实""髓溢"病证。其后又有诸多医书对其进行论述，如《圣济总录·肾脏门·髓虚实》《本草备要》等。还有《千金翼方》及《普济方》等提出了"髓疽"病名。

宋代王怀隐《太平圣惠方·卷第五十五·髓黄证候》记载髓黄证。后世亦有医家对此有所记载。

此外，关于髓的病证，历代医家还有记载。如清代唐宗海《中西汇通医经精义》曰："痉痫抽掣，皆脑髓筋为病。"表明痉痫抽掣也与髓相关。

4. 髓病的病机、治法、方药

对髓病证治疗的记载，较早见于唐代孙思邈《备急千金要方·卷十二·胆腑方髓虚实第四》，提出"髓虚者，脑痛不安，实者勇悍。凡髓虚实之应主于肝胆。若其腑脏有病，病从髓生，热则应脏，寒则应腑"，并列出羌活补髓丸治髓虚、柴胡发泄汤治髓实及有关灸法等，是髓病治疗上的第一次较完整记载。

其后，宋代的《太平圣惠方》《外台秘要》等在孙思邈基础上补充了对髓病治疗的方剂内容。另外，《圣济总录·卷第一百八十五·补益门·补虚益精髓》还论述了髓虚与肾的关系"肾之合骨也，骨者髓之府。故嗜欲过伤，精髓耗惫，则必用补肾之剂以益之。"并附有具体方剂，如玉霜丸方、地黄丸方。至明《普济方·卷三十三·肾脏门·骨髓虚实》在前人基础上又有所发挥，补充了苁蓉汤、地黄散、地黄酒治疗髓虚。上述记载可见，对髓虚实病症的治疗历代医家多从肝、胆、肾论治。晚清唐宗海还提出五脏皆可治髓的论点，扩充了髓病治疗的内容。

5. "肾虚骨枯"的定性研究

此外，肖氏课题组采用基因芯片、蛋白质芯片及聚类分析和神经网络等数据挖掘方法，从基因组学和蛋白质组学角度揭示了肾虚、骨枯病机的客观依据。研究发现190个疾病相关的独立基因通过调控 MAPK、VEGF、Oxidative phosphorylation、PPAR γ-2 等信号通路，参与氧化应激、细胞凋亡、脂代谢、血管发生等生物过程；药物反证研究发现右归饮作用于 92 个基因。这些基因涉及信号转导、细胞增殖分化等生物过程，与致病基因互补。同时研究还发现有 92 个蛋白差异表达（58 个上调、34 个下调）。其中半乳凝素、骨唾液酸蛋白、骨桥蛋白、基质 GLA 蛋白、胶原蛋白、基质金属蛋白酶等功能蛋白在股骨头坏死模型大鼠呈显著差异表达，而右归饮能通过调控相关功能蛋白发挥药效作用。串联起这些微观节点，形成了"肾虚、髓减、骨枯"病机在分子层面的轮廓，定性揭示了其分子调控网络。

二、治疗股骨头坏死的治法特色

（一）提出"益肾调髓活骨"新治则，形成诊疗规范

肖氏带领的浙江省中西医结合骨关节病研究重点科技创新团队及浙江省骨关节疾病中医药干预技术重点实验室团队是国家中医药管理局股骨头坏死中医指南制定团队。基于对股骨头坏死病因病机的系统认识，肖氏创立了股骨头坏死新治则：益肾、调髓、活骨法。该法继承中医学"肾主骨"经典理论，结合骨坏死病理特点，补肾、填精以生髓，活血、通脉以调髓，生髓、调髓以活骨为一体，体现了"治骨在于治肾，益精填髓以活骨"的标本兼治特点，彰显了中医学整体治疗优势，创新了股骨头坏死中医辨治理论。建立了对益肾调髓活骨治则的系统认识。活骨的根本在于调髓，调髓的关键在于"调"，益肾生髓可谓之调、活血化瘀改善微环境可谓之调、局部输入"髓"使其速生可谓之调，凡此种种，能实现"髓足骨强"之目的者，均可谓之为调髓之法。

（二）汤药精妙，不弃外治

临床中，肖氏在注重中医辨证施治股骨头坏死过程中，也十分注重手术的创新及后期患者功能的康复，形成了"手术疗法、中医药辨证施治和后期中医的康复治疗"为特色的中西医结合疗法。

肖氏认为Ⅲ期以上病人股骨头塌陷，已经进入了不可逆阶段。因此，必须借助手术治疗，植入血管，恢复股骨头的形状，稳固关节结构。然后再配合中医药治疗。肖氏在中医伤科"动静结合、筋骨并重、内外兼治"的原则上，充分利用中医药的外治方法，创造性地运用药蒸药浴、针灸按摩、体疗牵引等方法。充分使髋关节周围的气血运行带动股骨头内的活血化瘀，促进死骨吸收和新骨的形成。从而大大促进肢体的康复，取得了单纯内治法不能收到的好效果。

股骨头坏死病变主要涉及肝、脾、肾三脏。由于股骨头生物力学的特殊性、血液循环的局限性和股骨头承担全身重量的客观原因，加之股骨头坏死致病原因的复杂性，肖氏从力学角度出发，利用推拿手法的指压、搓擦、旋髋引伸和捶击法在局部操作，使股骨头坏死残存的血运得到激活和生长，建立大量的侧支循环以彻底改善股骨头缺血状况，同时激活骨小梁的生长和骨

纤维重塑，加快坏死骨的修复与新骨的生成，逐渐替代坏死骨组织，最终达到治愈的目的。从中医辨证论治的角度出发，通过手法操作达到补气血、补肾、温经通络、舒筋理气、活血化瘀、推陈出新的作用；配合双踝关节牵引，其机制在于减少股骨头压力，促进局部骨组织修复，疏通血液循环，防止股骨头塌陷；配以中药外敷和激光照射，可通过肌体毛孔的渗透吸收，能使淤血散解，血管扩张，药效直达病灶，促进死骨吸收、新骨生长。

（三）崇古不泥古，创新不离纲，创立细胞新疗法

在补肾中药内服同时利用钽棒支撑结合经旋股内动脉移植 BMSCs 治疗股骨头坏死，能有效纠正骨稳态失衡，改善骨坏死的症状，疗效确切，能兼顾局部与整体，微创干细胞介入改善患者局部症状以治其标，补肾调骨以治其本，体现"标本兼治""辨病与辨证灵活结合""宏观辨证与微观辨证有机结合"的观点，目前居国内领先地位。

肖氏认为中医骨伤是与西医联系最紧密的学科，应该时刻关注和应用现代医学的最新技术和最新医学成果。因此，他在注重中医辨证施治股骨头坏死过程外，还创新性地建立了经旋股内动脉移植 BMSCs 的治疗新技术：通过集落细胞刺激因子（G-CSF）动员外周血干细胞，再经股骨头主要供血动脉旋股内动脉移植 BMSCs（髓），实现"髓生骨"以修复坏死骨组织。移植的 BMSCs 能增加股骨头内血管内皮生长因子（VEGF）和 TGF-β 等生长因子的表达，促进血管再生，改善缺血，创造利于 BMSCs 增殖分化的微环境，以实现调髓。经旋股内动脉移植 BMSCs 的治疗新技术经 5 年的临床研究显示：92.31% 的患者取得了良好的临床疗效，仅 7.69% 的患者需行关节置换术；股骨头塌陷率由 70%～80% 下降到 38.24%。部分患者已成功"保头"达 15 年以上。随访过程中未见任何不良反应的发生。以上研究证实该技术是治疗早期股骨头坏死安全有效的方法。

三、治疗股骨头坏死的遣方用药

在股骨头坏死的诊治过程中，肖氏也贯彻着调髓活骨的诊治思想，右归饮是肖氏在临床上常用的方剂，该方临床证实具有填髓益髓的功效。使用较多的中药包括牛膝、石斛、五味子、知母、补骨脂、地骨皮、鳖甲、川椒等。牛膝用以填骨髓，石斛治骨中久冷虚损，五味子壮筋骨，知母主骨热劳，补骨脂主骨髓伤败，地骨皮主骨热，鳖甲除骨节间劳热，川椒逐

骨节寒湿痹痛。

（一）右归饮

右归饮具有补益肝肾、益精生血的功效，肾阳充沛，则机体代谢正常，血液得以正常运行。方中枸杞子、杜仲以温补肝肾。因用汤剂，没有蜜之甘缓，故入炙甘草以调和之。右归饮为益火之剂，用治命门阳衰阴盛之证。景岳谓"虚实之治，大抵实能受寒，虚能受热，所以补必兼温，泻必兼凉"，又曰"真阴既虚，则不宜再泄……即从纯补，犹嫌不足，若加渗利，如实漏危矣"。真阳亏损，全不堪苦寒攻伐，故药用甘温而全去寒凉渗泄之品。血液营运通畅则股骨头得到相应濡养，从而完成正常生理代谢。

右归饮出自明代张介宾的《景岳全书》，原方组成：熟地 30g，炒山药 6g，山茱萸 3g，枸杞 6g，姜杜仲 6g，制附子 6g，肉桂 4.5g，炙甘草 4.5g。右归饮作为温补肾阳的代表方剂，具有温补肾阳、益骨生髓的功效。方中熟地益肾填精，为君药；山药能健脾固肾益精；山茱萸能补肝益肾固精；肉桂温肾，补命门之火；附子峻补元阳，益火之源；枸杞子补肝肾，益精气。

（二）补阳还五汤

补阳还五汤出自王清任的《医林改错》，原方最大的特点是黄芪达到 120g，原方主治病症为中风后遗症之半身不遂、口眼㖞斜、语言謇涩、口角流涎、下肢痿废。原书称"因虚致瘀"，治法以补气为主，兼以活血通络，以生黄芪大补脾胃元气，归尾活血，川芎、赤芍、桃仁、红花助归尾活血化瘀，地龙活络通经。诸药合用，使得气旺血行，瘀去络通，诸症得消。肖氏在临证时常常加些杜仲、狗脊、葛根，效果更佳。

肖氏将补阳还五汤应用于颅脑外伤、神经根型颈椎病、椎动脉型颈椎病、脊髓型颈椎病、腰椎管狭窄、腰腿痛、腰椎间盘突出症、骨折后的局部肿胀、创伤骨折后的血栓形成、人工全髋关节和全膝关节置换术的深静脉血栓预防、类风湿关节炎、难治性脊髓炎、周围神经损伤、慢性肌肉劳损、骨转移癌等，且均收获满意的效果。临床认为本方既补气活血，又行气散瘀，是益气活血的代表方剂，无论是心脑血管、神经系统、消化系统疾病还是骨伤科疾病等，只要辨证属于气虚血瘀证，就可以灵活应用本方进行治疗，这充分体现了中医灵活的辨证思维及异病同治的治疗法则，也说明了本方有着较高的临床实用价值。

整理肖氏的医案发现补阳还五汤随症加减治疗各种伤科疾病，均获良效。

病案一　中年男性患者，车祸致右小腿骨折合并下颌骨折、脑挫裂伤、创伤性休克。经抗休克、开颅清除颅内血肿、骨折整复固定后，4个月余右小腿骨折未愈合，来医院求诊。肖氏查其右下肢肿胀，尤以右足部明显，按之凹陷不起，色青紫发冰凉，冷汗；右小腿下1/3处压痛明显，有骨软。X线检查可见右胫腓骨下1/3短斜形骨折，胫骨远端向内移位，骨皮质断端有极少量骨痂生成，骨折线明显，胫腓中段以下及足部诸骨骨密度减低。辨证认为患者伤后虚弱，加之损伤日久，耗伤气血，气虚无力运血，导致血瘀。瘀不去则新血不生，新血不生则骨不长，故见局部肿胀、肢体不温、骨密度减低、骨折延迟愈合等症。治疗以补阳还五汤加减化裁内服，药用：黄芪40g，当归15g，川芎10g，赤芍6g，红花6g，桃仁6g，生姜6片，大枣5枚。水煎温服，日1剂。服药3剂后患肢已有温热感。遂以上方加白术15g、党参15g、升麻3g，黄芪加至60g，服5剂后，右小腿凉感消失，肤色转润，肿胀明显消失。以上方继续服用10剂，患者肢体远端血运恢复正常，肿胀已消。X片显示骨折处有中量骨痂生长，骨密度较前增强。嘱其加强功能锻炼。半月后来诊，骨折已达临床愈合。这个病例充分体现了补阳还五汤的补气活血法在骨折后期应用的效果。胫腓骨下1/3的迟缓愈合及不愈合往往需要手术植骨才能改善，而肖鲁伟数剂中药就为患者省去了至少两次手术的痛苦和风险。

病案二　女性患者，16岁，因背跃式跳高运动致伤右下肢，感右大腿疼痛难忍，继之右大腿前侧麻木，不能行走。曾在当地医院以闪扭伤治疗1个半月，疗效不佳。肖氏查其右股四头肌明显萎缩，大腿前侧温觉、触觉、痛觉消失，股四头肌肌力为0级。诊断为右股神经损伤。肖鲁伟辨证认为，患者素体虚弱，伤后失治，气血虚而瘀滞，故见麻木等症。治疗以按摩及补阳还五汤加减内服，药用：黄芪30g，丹参15g，川芎15g，桃仁15g，红花10g，当归15g，地龙6g，川牛膝10g，木瓜10g，赤芍10g，水煎温服，日1剂。服药6剂后，患者右大腿前侧温觉、触觉、痛觉已有明显恢复，右股四头肌肌力Ⅰ级。遂将黄芪加至45g，再服5剂，药后右股四头肌肌力达Ⅲ级，右股神经支配区感觉恢复正常。以上方又服5剂停药，嘱其进行适当功能锻炼。2个月后患者右股四头肌肌力及功能完全恢复正常。本案肖氏认为是因虚致瘀，故采用补阳还五汤，患者有明确的外伤史，且当时肌力为0级，应该首先考虑外伤性神经断裂。如为外伤性神经断裂，不进行神经的修补，仅用中药口服就能够使神经功能完全恢复不留任何遗憾，太神奇了。且是经过1个半月的处理，显然神经损伤是陈旧性的，若有神经断裂，应有肉芽组织长入，后期的治疗应该更为困难。如果不是神经断裂，而是神经的挫伤或震荡，也应该在1个半月内有所恢复。如果临床真正遇到这种患者，一定会进行手术探查。如果不手术，仅用中药口服，而效果不佳，会被认为是坐失良机。不管真正病情如何，至少说明补阳还五汤对于神经损伤的效果是非常好的。

病案三 男性患者，37岁。腰椎骨折并发神经损伤后遗左下肢瘫，能持杖行走。因碰伤左第1跖趾关节内侧皮肤半年不愈，求诊肖氏，肖氏查其左下肢肌肉萎缩，左膝关节以下瘫，左第1跖趾关节两侧有一2.5cm×3cm大小的创面，创面较深，皮色发白，伤口内有极少量的脓性分泌物。肖氏认为，患者骨折损伤，经脉不通，瘀不去则新不生，导致气血亏虚，创面经久不愈。治疗以补阳还五汤加减内服，另清理创面，切除坏死无血供组织，用纱条填塞包扎，1周更换敷料1次。药用：黄芪40g，当归15g，川芎10g，地龙10g，红花10g，生地15g，木瓜10g，枸杞子15g，炙甘草6g。水煎温服，日1剂。服药8剂后，患肢创面有中量肉芽生长，色鲜红。继服5剂，创面基本愈合，改为2日1剂，随访2个月，无复发，且自述左下肢肢端有温热及疼痛感。

从以上病案中可以看出，骨伤科疾病的主要病理变化是血瘀，临床辨证治疗时除辨伤之新久、血之虚实外，更应当考虑气与血的关系。气为血之帅，血为气之母；气行则血行，气滞则血瘀（气滞血瘀）；气虚则血运无力而瘀于脉中（气虚血瘀）。气滞血瘀多见于创伤初期，治宜活血化瘀理气；气虚血瘀多见于创伤中后期，治宜补气活血通络。补阳还五汤具有补气、活血、通络的功能，为气虚血瘀而设，故适用于以上气虚血瘀诸证，而获疗效。历代医家的临床应用说明，虽现代病名各异，临床表现各尽不同，然其病机相似，因此，补阳还五汤得以出现在骨伤科的许多病种的运用中，可能这正是肖氏异病同治的一个典范吧。

（三）病案实录　临证体悟

胡某，女，38岁，2012年6月1日初诊。主述双髋疼痛半年，加重1个月。17年前因打雪仗致眼部受伤，暂时性失明，有服用激素药物的药物史。现双髋关节疼痛、痛处肿胀，昼轻夜重，沉重伴双膝亦痛，酸困乏力、髋膝活动不利。他院诊为股骨头坏死，经服用泼尼松、去痛片等治疗无效。近1个月觉症加重，遂来求诊。刻下：食欲、二便正常，脉弦数，苔黄厚燥。辨证：

阴虚阳亢，痰瘀交阻。治法：补肾健脾、燥湿运脾、行气和胃、通络止痛。遂拟方右归饮合平胃散化裁：淡附片 5g、苍术 12g、厚朴 12g、陈皮 10g、砂仁 12g、枳壳 10g、肉桂 2g、藿香 10g、佩兰 10g、熟地 15g、怀牛膝 12g、威灵仙 12g、甘草 6g、大枣 12 枚，日 1 剂，水煎服。连服 20 剂，诸症大减，继以上方出入，治疗 3 个月病情好转，患者自觉髋关节疼痛症状消失，行走自如，髋关节各功能基本恢复正常。

按 股骨头缺血坏死病变在骨，属于骨病。骨病之所以求治于肾，以"肾主骨"也。所以，对于股骨头缺血坏死，首先要从肾论治。脾合肌肉，主四肢。脾为气血生化之源，人体的肌肉组织、四肢都要依靠气血的濡养，才能使肌肉丰满，四肢活动有力，身体健壮。若脾气虚弱，则无力运化，气血化源不足，导致肌肉瘦削、肢体软弱无力。肝藏血主筋，指筋脉有赖于肝血的濡养才能主持全身关节的屈伸转侧活动。若肝郁血虚，则不能养筋濡脉，导致肢体麻木、屈伸无力。因此，肖氏先以 3g 淡附片以补元阳，益火之源、祛除寒湿。然后以平胃散奏燥湿运脾，行气和胃之效。其中，熟地、怀牛膝等滋肾阴、强筋骨，配藿香、佩兰等以健脾除湿、和胃醒脾，补后天以充先天；用枳壳、甘草以解肝郁、柔筋脉。再加威灵仙、肉桂以养血通脉、温经散寒。诸药合奏补肾健脾、燥湿运脾、行气和胃、通络止痛之功。

第三节 "补肾活血"治骨性关节炎

骨性关节炎（osteoarthritis，OA）是一种中老年人常见多发的以软骨退行性变和继发骨质增生为主的慢性退行性骨关节病，是除骨质疏松症外最为常见的骨代谢疾病，也是成人主要的致残原因，严重威胁人类健康。衰老、肥胖、创伤、劳损、遗传等均是 OA 的致病因素，但其发病机制尚不清楚。OA 的病理学特点是关节软骨退变，表现为软骨降解、关节滑膜纤维化、关节局部炎症、软骨下骨硬化、骨髓病变、骨赘形成、韧带和关节腔退变等一系列的退行性病变，最终引起关节疼痛、关节僵硬、关节失用等行为功能障碍。全世界 OA 的总患病率约为 15%，其中 50 岁以上人群的发病率达到 50%，最终致残率高达 53%。在我国，60 岁以上的 OA 发病率超过 50%，75 岁以上更是高达 80%，随着社会人口老龄化，这一问题愈趋严重。

骨性关节炎可以分为原发性和继发性两类，临床上以前者多见。软骨受损是两者相同的病理基础，即软骨下骨板由于缺乏软骨的保护，受到异常压力而发生代偿性增生，而滑膜发生炎症反应。对于其病情发展，总体是一个渐进和缓慢的过程，对于有骨性改变的关节炎患者，目前临床上已经有较多论述。但对于其早期阶段的预防和治疗，相关论述较少。

关节腔注射玻璃酸钠在临床上已经广泛使用，具有一定的近期疗效。玻璃酸钠具有高度的黏弹性、渗透性，玻璃酸钠大分子组成的网状结构对细菌、毒素、免疫复合物等起屏障作用，关节腔内给予外源性的透明质酸钠进行补充疗法，使其覆盖于关节软骨表面以保护软骨，抑制炎症反应，利于软骨修复，使关节疼痛的敏感性下降，从而具有减轻和缓解疼痛等作用。或可刺激自身滑膜产生高分子量的透明质酸钠，改善润滑功能，减少了关节之间的钝性摩擦。但临床上部分患者对这种有创治疗方式表示难以接受，同时美国骨科医师学会（AAOS）2008 年发布的《骨关节炎临床治疗指南》亦认为玻璃酸钠等黏性物质的临床使用效果并不明确。因此，在临床上选择其他治疗手段就是十分有益的探索。

骨性关节炎属中国传统医学痹证范畴。其中临床以本虚表瘀型最为多见。其发病机理在于原发的虚和继发的瘀，虚和瘀作为一个整体统一于肾虚而导致 OA，这可能就是 OA 的重要发病机制。OA 患者多以肾虚表现为主，并挟有风寒湿入侵，着于关节经络、筋膜、肌肉、骨髓，导致气滞血瘀，经络阻滞。

一、肾虚为本是 OA 的病机关键

骨痹始见于《内经》。《素问·长刺节论》曰："病在骨，骨重不可举，骨髓酸痛，寒气至，名曰骨痹"。《素问·痹论》曰："风寒湿三气杂至，合而为痹也。……以冬遇此者为骨痹。……痹在于骨则重。……骨痹不已，复感于邪，内舍于肾"。《素问·气穴论》曰："积寒留舍，荣卫不居，卷肉缩筋，肋肘不得伸，内为骨痹，外为不仁，命曰不足，大寒留于溪谷也"。《灵枢·寒热》指出："骨痹，举节不用而痛，汗注烦心，取三阴之经补之"。《中藏经·论痹》曰："大凡风寒暑湿之邪，……入于肾则名骨痹"。唐代孙思邈《备急千金要方》中提及"骨极"，认为骨极是骨痹及肾虚的后果。综上所述，祖国传统医学认为，骨痹的主要症状为关节疼痛，活动受限，遇寒冷则疼痛加重；病症表现主要在关节，而其本源在肾；主要病因病机为肾气亏虚，肾精不足，肾虚引邪入内，内外合邪而发骨痹。正如《中藏经》中指出："骨痹者，乃嗜欲不节，伤于肾也，肾气内消……而精气日衰，精气日衰则邪气妄入……"，强调了肾虚引邪入客的病机关键。

肾藏精，主骨生髓，肾中精气是促进机体生长发育功能的重要组成部分。《内经》指出："肾主骨"。《素问·阴阳应象大论》曰："肾生骨髓"。《素问·六节藏象论》曰："其充在骨"，说明只有肾中精气充盈，才能充养骨髓，故《素问·四时刺逆从论》说："肾主身之骨髓"。说明人随着年龄的增长出现骨软无力，骨及软骨发生退行性病变，都与肾中精气不足、骨髓空虚有关。正如明代《医科发挥》言："肾气不足则骨软"。肾藏精，精生髓，髓养骨，肾精充足则骨髓生化有源，骨又得髓之滋养而坚固有力，肾虚则骨弱髓空，不能束骨而利关节也。《内经》云："邪之所凑，其气必虚"，故肾虚骨衰是 OA 发病的病机关键。

另外，OA 发病与肝、脾相关。肝为罢极之本，藏血主筋，统司筋骨关节，《内经》指出："肝主筋"。又云："膝者筋之府，屈伸不能，行则偻附，筋将惫矣"。肝藏血，肾藏精，称之谓"精血同源""肝肾同源"。肾精不足，则不能滋生肝阴、肝血，肝体不足，则不能滋荣筋腱，以致筋挛节痛。正如《医学摘粹》所言："筋膜者，肝木之所生也。肝气盛，则筋膜滋荣而和畅。髓骨者，肾水之所生也。肾气盛，则髓骨坚凝而轻利"。脾为后天之本，气血生化之源，主四肢肌肉。肾为先天之本，赖于后天之本的滋养，脾为后天之本，需在先天之本的基础上发挥作用，即"先天生后天，后天养先天"。脾运健旺，生血有源，则肝有藏。肝的血液充盈，才能养筋，筋得其所养，才能运动有力而灵活。

二、血瘀为标是 OA 的关键病机

长期劳损，跌仆扭伤，筋骨受伤，瘀血阻滞，经脉痹阻，不通则痛是本病发生的主要因素；再加上风寒湿邪等乘虚侵袭关节，痹阻经络是 OA 发作和加重的诱因。当外界致病因素导致筋伤后，筋束骨无力，进而影响关节功能，故早期膝骨性关节炎病位在"筋"，而所谓的"痹证"在早期亦应为"筋痹"，病机是瘀为筋痹。"瘀"在"痹"的形成过程中起到重要的作用，瘀的状态贯穿痹证始终。《素问·长刺节论》："病在骨，骨重不可举，骨髓酸痛，寒气至，名曰骨痹。"病机为肾虚血瘀，瘀久而为骨痹。

血瘀者，血脉瘀滞不通也。血瘀证是中国传统医学的独特的病理诊断，是指气血紊乱致瘀血内生所产生的各种有关临床病证。现代医学研究表明，血瘀证一般都伴有微循环障碍和血液流变性异常，因此，血瘀证是中国医学对微循环障碍一类疾病的病理概括，可普遍发生于现代医学多种疾病的不同阶段，故曰："凡病鲜有不兼瘀，只在程度轻重。"在治疗方面，《内经》注重气血之间的关系，提出了调畅气血，祛除恶血治疗大法，《素问·至真要大论》指出："疏其血气，令其条达，而至和平"。王清任《医林改错》忠告医者："治病之要诀，在明白气血，无论外感内伤……所伤者无非气血"。唐容川更强调"治血者必调气""气和则血和"，可谓一语破的。这些观点肖氏都很赞同。

肖氏认为血瘀证虽多变，然确有一定的舌脉之征，临诊每细察舌脉色症，再结合病程之长短，痛处之移着，对病情进行全面分析，详查瘀血之所在，细审瘀血之由来，辨证求因，审因论治。

活血化瘀治则是针对血瘀而设的治疗大法，具有促进血行、祛除瘀滞、疏通血脉的作用。肖氏用活血诸法，遣方有道，选药精当，或根据致瘀之因而辨证地运用行气活血、益气活血、养血活血、温经活血或清热活血等法，或是结合病变部位，而采用通下活血、利水活血、醒脑活血、清心活血、消痰化瘀等法，药随证转，配方严谨。临诊善于抓住血瘀主证，重用活血化瘀方药，以解决基本矛盾，又能适当兼顾他证，以解决从属矛盾，充分体现了辨证规律性与灵活性必然结合的特点。

肖氏治瘀之方，多取法于王清任《医林改错》，如血府逐瘀汤、少腹逐瘀汤、通窍活血汤、补阳还五汤等，李东垣的复元活血汤及张锡纯之活络效灵丹亦验。尤推崇血府逐瘀汤，誉之为活血化瘀第一方。所谓血府，乃据"脉者，血之府也"而来，故凡血液流经之处，均可以血府论治。方中四逆散行气，桃红四物汤化瘀，桔梗、牛膝升降相因，疏利气机，共奏行气活血、化瘀止痛之功，诚治血瘀气滞之有效方剂。在施以活血化瘀法的同时，肖氏亦注重兼法的运用，临证每能根据血瘀证之兼夹和病人的体质虚实，辨证用药，科学配伍。

肖氏在处方遣药方面，讲究章法，独具匠心，尤喜用理气活血兼顾药，例如，川芎为血中之气药，性善走散，功能活血化瘀，行气祛风；延胡索走而不守，活血行气，又能止痛，以浙江东阳产为佳。郁金、姜黄皆可行气祛瘀，但郁金性凉，兼凉血达郁；姜黄偏温，可通脉止痛。又如三棱、莪术、牛膝、路路通等药均具有行气活血的双重作用。此外，肖氏还喜用养血活血兼顾药，如鸡血藤甘苦性温，行血补血，舒筋活络，对血虚而兼有瘀滞之证最适用；益母草养血活血，祛瘀利尿；当归补血活血，补而不滞，行而不峻，善治血虚血瘀之病，且有散寒之效。对于血瘀征象明显，疼痛剧烈者，多选用水蛭粉、桃仁泥、红花、生乳没、鬼箭羽化瘀止痛效好；对于久病、顽证，每多兼夹瘀血者，在主方中喜佐用地龙、蜈蚣、全蝎等虫类药，搜邪剔络，逐邪外出，可提高疗效。

三、补肾活血法是治疗 OA 的重要治法

孙思邈《备急千金要方》首次将补肾方药应用于痹证的治疗中，"腰背痛者，皆由肾气虚弱，卧冷湿地，当风所得也，不时速治，喜流入腰膝，为偏枯、冷痹、缓弱疼重，若有腰痛挛脚重痹，急宜服独活寄生汤"。宋代《圣济总录》中载有骨痹六方，主要是从肾脏亏虚进行治疗，多为鹿角胶丸、补肾熟干地黄丸、鹿茸天麻丸等，多以补肾添精药物为主，强调了补肾药的君药地位。元代《卫生宝鉴》载："老年腰膝久痛，牵引少腹两足，不堪步履，奇经之脉，隶于肝肾"，明确提出老年人年高所患腰膝疼痛，是肝肾两虚的表现。故治疗上要采用温补肝肾、填精益髓、大壮筋骨的治疗原则。明代《证治准绳·类方·鹤膝风》中载有经进地仙丹，亦是从补肾益精，大壮筋骨入手。清代林佩琴在《类证治裁》中描述鹤膝风为"上下腿细，唯膝独大，形如鹤膝……"，并强调了以补肾为主的治疗方法。

补肾活血汤是肖氏治疗骨性关节炎经常用到的经验方，由右归饮《景岳全书》加桃仁、红花而成，具有温补肾阳，活血化瘀的功效。中医认为，肾主骨生髓，肾阳为诸阳之本，阳虚以肾阳虚最为重要，骨关节炎治疗当以补肾，尤其是肾阳为主。研究表明，补肾法能促进骨髓基质于细胞向软骨细胞分化，可能在影响软骨细胞凋亡过程中起延缓作用。而活血法可以改善骨内血流动力学和血液流变学状态，降低骨内压，进而保护软骨，治疗骨性关节炎。药渣热敷具有舒筋活血、祛风胜湿、消肿止痛之功效，且花钱少、副作用小、操作方便。

四、补肾活血方分析

肾为先天之本，在体为骨，肾气盛，肾精足，则机体骨骼强健。OA 的病机关键为肾虚骨衰，补肾壮骨为其基本治法。肖氏以补肾经方右归饮为基

础方，形成了基于病证结合的益肾调骨的代表方——补肾活血方。补肾活血方是由右归饮添加桃仁、红花两味活血中药而成。熟地益髓填精，杜仲补肝肾、壮筋骨，为君药；附子、肉桂补肾阳，山茱萸、枸杞养肝血，助君药以滋肾养肝，是为臣药；桃仁、红花实验研究发现具有强大的活血化瘀功效，不会因为滋补之品的滋腻而造成血滞，共同防止了不良并发症的发生，为佐药；山药、甘草补中养脾，为使药；具有补益脾肾、活血通络的作用。本方多用滋补肝肾的中药为主，目的在于促进骨系细胞更好地愈合，坚强骨骼，从中可见补肾活血方在骨病通过多靶点、多层次的治疗。

五、杂合以治

耳穴疗法具有镇痛、抗感染，调节躯体内脏功能，免疫及内分泌等作用，同时耳穴镇痛操作简单，经济简便，无依赖性，无时间限制，副作用少，其广泛应用于内、外、五官科等疾病的临床治疗。在临床中，耳穴疗法常用于骨科围手术期镇痛及骨科常见疾病的辅助治疗，效果良好。耳穴疗法配合药物口服可更有效地减轻膝关节疼痛，改善膝关节功能，有助于改善膝骨性关节炎患者的生活质量，同时又有着费用低、操作简单、安全地优点，值得临床推广和应用。

耳穴是分布于耳郭上的腧穴，是脏腑经络病理变化在体表的反应点。耳穴与五脏六腑和四肢百骸密切相关。《厘正按摩要术》曰："耳珠属肾，耳轮属脾，耳上轮属心，耳皮肉属肺，耳背玉楼属肝。"耳与全身经络关系密切，《阴阳十一脉灸经》中即载有与上肢、眼、颊、咽喉相联系的耳脉。《灵枢·口问》载有："耳者，宗脉之所聚也"。《灵枢·邪气脏腑病形》载有："十二经脉，三百六十五络，其血气皆上于面而走空窍，其精阳气上走于目而为睛，其别气走于耳而为听"。六阳经直接或间接上耳前或入耳中，手太阳小肠经、手少阳三焦经及足少阳胆经入耳中，足阳明胃经及足太阳膀胱经分别上至耳前及耳上角，手阳明大肠经的别络入耳中；六阴经虽然不直接入耳，但通过经别、经筋及别络等与耳相联系。

采用王不留行籽按压耳穴（图14）配合患肢局部穴位敷贴治疗全膝关节置换术围手术期疼痛，镇痛效果良好，认为膝关节置换术围手术期配合应用耳穴疗法有助于减轻患者术后疼痛，可以减少术后麻醉药物的用量，能够促进患者早期康复。

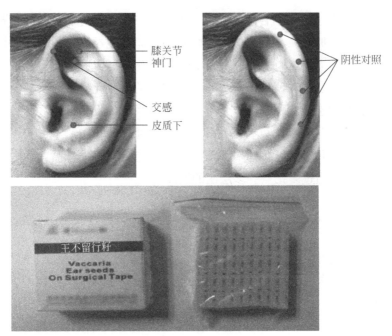

膝关节
神门
交感
皮质下
阴性对照

图 14　耳穴治疗

第四节　"疏肝健脾益肾"辨治绝经后骨质疏松症

骨质疏松症是当今老龄社会的一个严重的公共健康问题，预测至 2020 年中国骨质疏松症患者将达到 2.86 亿，这将严重影响老年患者的生存质量。骨质疏松症的发病机理和临床表现与传统医学的"骨痿"等颇为相似。"骨痿"始见于《素问·痿论》。肖氏认为，骨质疏松症患者，病程长，缠绵难愈，而寒湿、贼风、痰浊、瘀血互为变结，凝聚不散，可加剧病情变化，使病情加重，因此患者多有情志异常。门诊就诊的骨质疏松症患者很多是绝经期女性或绝经后女性。肖氏认为，通常女性感情丰富，爱美惜春，多愁善感，绝经期女性心理常常发生变化，多容易出现焦虑、抑郁、悲观、敏感、多疑等。骨质疏松症可能是引起患者焦虑的重要来源。焦虑情况可能与骨质疏松症的病程有关，女性绝经后骨质疏轻型髋部骨折住院患者有着较多的负性情绪，这种负性情绪的产生也和骨质疏松症以及髋部骨折有一定相关，与文化程度、年龄分段、婚姻状况没有明显相关。若同时兼有突发的骨折更容易引发心理问题，病人的主诉多会有自感烘热、全身疼痛、夜寐不安、烦躁难耐等。肖氏认为此症状多为阴虚火旺、肾虚骨痛，同时又有虚火煎熬，肝气不舒。临症治疗注意需补肾壮骨的同时要疏肝理气，对患者明以病情晓以医理，身心并治，才是正道。肖氏常根据四时不同而选用不同的药物。春选柴胡、郁金，夏选藿香、佩兰，秋选佛手、苏梗，冬选绿萼梅、菊花。四季选用龙骨牡蛎重镇、安神、补钙。

肖氏认为，尽管发现了某些女性绝经后骨质疏松症中医证型与相关因子有较明显的关联性，但是由于临床症候的复杂性，临床上实际遇到的多是相兼证候，单纯证候则较少见，采用现在的症候分型主要是为了统一标准、便于研究。因此，研究结果存在一定的局限性。今后需要在该研究的基础上，继续开展女性绝经后骨质疏松症心理－社会因素和证候学的多中心、大样本的研究，研究本病的病因病机与情志因素的相关性，为防止骨质疏松症提供有益的参考。肖氏多次指出，当代的中医，特别是经过高等中医药院校培养的中医，应有鲜明的时代特征。应能够做到"传承不泥古，发扬不离中，融汇古今，洋为中用，中西结合，发展中医"。肖氏是这样倡导的，也是这样实践的。对骨质疏松导致的髋部骨折，应十分重视骨折部及时与精确的手术固定，现代手术学的实施是古老传统固定术的进步，其术虽不同而其理则一。但其病证之本是肾气虚，是"骨将惫"的典型表现。其引发的神浮气躁，抑郁焦虑也是虚郁互为的结果。在治疗中可以充分发挥中医药之长。心病心治，病证合治，较单纯的手术治疗更合理、更能突出中医药的优势和特色。这些紧密结合和合理使用现代医学的科研手段，填补了中医中药在临床治疗中的诸多空白，在继承发展的基础上进行了创新，为中医药的临床应用开创了一条崭新的理论和实践道路。

第五节 "解表通痹"辨治颈椎病

现代医学认为，颈椎间盘组织退行性改变以及椎间结构继发性改变刺激压迫神经根、椎动脉、交感神经等周围组织，产生疼痛、眩晕等症，而导致颈椎病的发生。颈椎病多发于40岁以上的中老年人，发病率随着年龄的增长而增加。其中脊柱颈段活动性最大，这是颈椎容易遭受动静力因素导致急慢性损伤的解剖学基础。

肖氏通过临床总结，认为急慢性损伤、感染，感受风、寒、湿邪是颈椎病的外在发生因素，年龄体质及解剖学特点为内在发生因素。颈椎病的中医病因不外以下四点：一是七情内伤、外伤或是大病久病后气血虚弱，周身肌肉筋骨失养，在颈部则肌肉痿惫发用，筋骨无力，自汗神疲，不荣则痛；二是由于后天不足或先天失养导致的肝肾不足，肝之形体在筋、肾主骨，肝肾不足在颈部则筋骨萎弱不用，失却濡养故疼痛；三是风寒湿三淫侵袭肌表，风邪善行、寒邪凝滞、湿邪重着，故患者见颈肩及上肢窜痛、麻木，活动受限；四是痰瘀阻滞，中医"百病多由痰作祟"，与瘀血都能够阻滞气机、血运，阻碍脏腑、筋脉的正常运行，侵犯颈部，则不通则痛。因此，颈椎病中医分型主要分四种：气血亏虚型、肝肾不足型、风寒湿型、痰瘀阻滞型。又认为本病为本虚标实，气血亏虚、肝肾不足为本，风寒湿侵犯、痰瘀阻滞为标，故每次治疗均加入适量补益之品，均取得了显著疗效。

肖氏治疗颈椎病擅用葛根汤，出自《伤寒论》："太阳病，项背强几几，无汗恶风，葛根汤主之"，原方组成是葛根、麻黄、桂枝、生姜、甘草、芍药、大枣。葛根清里热而生津、开膝理而发汗，又能解肌疏筋，为君药；麻黄发汗解表、桂枝发汗解肌助葛根为臣药；芍药、甘草生津养阴，缓急止痛为佐药，姜、枣相合顾护脾胃之气、调和诸药为使。全方取发汗解毒、升津舒筋之效。肖氏认为内因为颈椎病发生的根本，外因为其发生的条件。颈椎病患者以气血亏虚、肝肾不足为根本，风、寒、湿三邪所侵，痰湿血瘀所阻为外因，内外之邪客于人体引发或加重颈椎病症状。治疗时宜辨证施治、标本兼顾，肖氏以此为基石，采用葛根汤作为经典基本方进行加减，补益气血、调养肝肾、祛瘀、化痰、通络来治疗各型颈椎病，另外积极治疗兼证。现将具体分型整理如下。

一、气血亏虚型

患者头项隐痛，时断时续，喜按揉，头晕目眩，面色无华，形瘦乏力，心悸气短，肌肉瞤动，舌淡苔白，脉沉细。未见无汗病症，肖氏以葛根汤去麻黄，减低全方发汗之力。气虚甚者气短、神疲、自汗、脉虚，加黄芪、党参、白术以补气，血虚甚者面白、舌淡、脉细，加熟地、当归、白芍以补血。临床多气血俱亏，故施药时气血双补，并根据气血亏弱偏重不同增损相应药味、药量。

二、肝肾不足型

患者头项酸胀，疼痛不适，发作反复，时轻时重，伴有头晕目眩，腰膝酸软无力，舌质淡，脉沉细。肖氏以葛根汤去麻黄合六味地黄丸加减，补益肝肾，舒筋止痛。全方为葛根、桂枝、生姜、甘草、芍药、大枣、山药、丹皮、吴茱萸、茯苓、熟地。若睡眠不佳者茯苓易茯神；若肾火不平见耳鸣耳聋、烦热、舌红无苔者加知母、黄柏。

三、风寒湿型

患者头项强痛或重痛走窜，喜温据按，伴肩颈、项背麻木，活动不利，恶寒无汗，舌淡苔薄白，脉浮紧。肖氏在葛根汤的基础上加疏风散寒祛湿之品，如桑枝、威灵仙、细辛、姜黄、络石藤、苍术、藿香等，顽痹痛甚者加蜈蚣2条。其中威灵仙、苍术另有健脾化湿之效，较常运用。气血维持人体生命活动的精微物质，"正气存内，邪不可干"，若气血不足则常受外邪侵扰。故根据病情常加入黄芪、当归等补益气血以标本兼治。

四、痰瘀阻滞型

患者颈项疼痛，头重如蒙，眩晕，时有恶心欲吐四肢倦怠、胸脘痞闷，舌苔白腻厚，或刺痛有定处，夜间痛甚，心烦胸闷，舌质紫暗或有瘀斑，脉细涩。肖氏以葛根汤去麻黄为主方，痰阻者加陈皮、白芥子、佛手，血瘀者加桃仁、红花、赤芍。气血运行迟滞常导致痰瘀的形成；痰邪阻滞气机影响血行可导致瘀血；血瘀者津液运行障碍亦可导致痰饮形成。故治疗可化痰之药结合祛瘀之品，也可根据病情重治其一，并同时加入适量补益之药以求扶正祛邪。

五、病例介绍

周某，男，27岁，公司会计，伏案工作日久成疾，颈部疼痛不适1年余，形体消瘦，头晕，脾气时有不佳，寐及二便尚可，舌质淡暗，苔薄白，脉浮大。患者乃筋骨久用劳损致疾，瘀血阻络并兼气血亏虚之象，治疗以活血、祛瘀、通络、止痛为主，兼补益气血。方药：葛根15g、桂枝9g、芍药10g、生姜3片、大枣 10 枚、桃仁 10g、红花 6g、当归 9g、熟地 15g、黄芪 15g、川芎 9g、柴胡 9g。此方调治 1 个月，患者自觉颈部舒畅，诸症均减。

按 治疗以葛根汤加减，佐以桃仁、红花活血祛瘀，当归、熟地、黄芪补益气血。川芎为"血中气药，上行头目，下行血海，中开郁结，旁通脉络"，此处不但理气活血，与柴胡同用尚可疏肝解郁，调理情志。全方标本同治兼顾旁症，瘀祛络和，疼痛自解。

第六节 病证结合、标本兼施治肩凝症

肩凝症又称"漏肩风"，因其好发于 50 岁以上的人群，故又称"五十肩""老年肩"，女性发病率高于男性。其属中医"痹证"范畴。《素问·阴阳应象大论》曰："年四十，而阴气自半也"，《素问·上古天真论》曰："男子五八，肾气衰……六八，阳气衰竭于上……"，年过半百、气血阴阳渐衰。《素问·生气通天论》曰："阳气者，精则养神，柔则养筋""阳明者，五脏六腑之海，主润宗筋，宗筋主束骨而利关节也"，肝肾亏虚，脉失所养，阳明气虚，筋失温煦可引发本病；或复感风、寒、湿邪等外因，或外伤、慢性劳损等共同作用起病。患者多存在肩周疼痛及关节活动障碍，且症状持续加重，甚至影响睡眠，若日久失治最终将发展成"冻结状态"，称"冻结肩"。

肖氏运用中医整体观念分析本病，他把关节视作一个整体，包含了周围的骨骼、肌肉、肌腱、滑膜、韧带等。关节的活动需要各个组成部分同时参与并协调完成，任何一个组成部分病变皆可相互影响最终导致疾病。《中藏经》曰："脾者，肉之本，脾气已失，则肉不荣"，《素问·痿论》曰："肝主身之筋膜"，脾主肌肉肝主筋，肾藏精而主骨。肝脾肾不足、精血空虚；气血虚弱，筋失所养；饮食失节，痰湿内生，这些内因皆为本病的发病基础；后外邪侵袭，气血痹阻运行不畅，凝滞关节，引起肩部疼痛、关节活动受限；局部的扭伤、压伤、挫伤，日久失治，离经之血，瘀而阻络，不通则痛；肩关节活动过多或过少，皆可造成肌肉、筋肌、韧带损伤，筋疲力尽，而至肩部气血循环障碍，脉络痹阻，不通则痛。基于上述认识，肖氏临证时常病证结合、活用行气活血药物加减标本兼治该症，往往平淡之方见奇效。

一、初诊病例介绍

朱某，女性，70 岁，因"反复双肩部疼痛 2 个月，加重 2 天"前来就诊，患者平素双肩部活动较频繁，2 个月前出现双肩部疼痛，表现为右上肢抬举及内旋过程中肩部外侧可感针刺样痛，活动后加重，休息后可缓解。左肩前方疼痛，夜间加剧甚至影响睡眠，双侧肩关节活动不利。2 日前因提重物后出现右肩关节疼痛加重，不能抬举。平素偶感腰膝酸软，畏寒肢冷，容易疲劳，小便清长，大便每日一次，胃纳、夜寐稍差，舌质暗，苔白腻，脉沉细。既往体健，否认高血压、糖尿病、冠心病等慢性病史，否认慢性肝炎等传染病史，无手术外伤史，否认家族性遗传病史。查体：双肩部无肿胀、方肩、翼状肩等畸形，双侧肩胛不等高（左侧略高），右侧三角肌轻度萎缩，双肩部肤温正常，皮肤感觉正常，右肩部周围肌肉略紧张，右侧大结节顶点处压痛（＋），左侧结节间沟处压痛（＋），右肩关节主动活动受限明显，前屈 0°～90°、后伸 0°～20°、外展 0°～50°、内旋 0°～50°、外旋 0°～60°，左肩关节主动活动稍受限，前屈 0°～150°、后伸 0°～40°、外展 0°～120°、内旋 0°～30°、外旋 0°～30°，双侧肩关节被动活动尚可，右侧三角肌肌力稍差，IV 级左右，余肌肌力及左肩关节肌力正常。右肩疼痛弧试验阳性，左肱二头肌长头紧张试验阳性。双肩正侧位 X 线提示：右肱骨大结节少量骨赘，肩峰下少量骨刺，冈上肌长条形钙化阴影，左肩关节未见明显异常。左肩肱骨结节间沟切线位 X 线见：结节间沟变窄，少量骨赘形成。双肩 MRI 示：右侧冈上肌肌腱条形钙化影，右肩峰下滑囊积液。左肱骨结节间沟处骨赘增生、变窄，周围轻度水肿。

诊断考虑：①中医诊断：痹证（肝肾不足兼气滞血瘀）。②西医诊断：双侧肩关节周围炎、右侧冈上肌肌腱钙化、右侧肩峰下滑囊炎、右侧肩峰撞击综合征、左侧肱二头肌长头腱鞘炎。

治疗措施：

（1）右上肢三角巾悬吊前臂，双肩部制动，注意肩部保暖，避风寒；

（2）患处外用活血止痛膏，每日 1 次；

（3）中药内服，治以活血化瘀兼补肝肾、调气血，方用桃红四物汤加减：

黄芪 30g，桃仁 12g，红花 6g，续断 15g，杜仲 15g，当归 15g，川芎 15g，生地黄 15g，赤芍 15g，葛根 30g，片姜黄 15g，细辛 3g，威灵仙 15g，

浙江中医临床名家·肖鲁伟

桑枝 15g，桂枝 15g，生姜 3 片，大枣 12 个。每日 1 剂，此方调治 2 周。

按 桃红四物汤以祛瘀为核心，辅以养血、行气。方中以强劲的破血之品桃仁、红花为主，力主活血化瘀；以甘温之熟地、当归滋阴补肝、养血调经，患者苔腻纳差，方中用生地黄替换熟地黄，以减轻脾胃负担；芍药养血和营，以增补血之力；川芎活血行气、调畅气血，以助活血之功。患者素体虚，纳差，重用黄芪补气；腰膝酸软，辅以杜仲、续断补肝肾、强筋骨。方中葛根解肌散邪，生津通络；辅以桂枝疏散风寒，发汗解表；生姜、大枣调和脾胃，鼓舞脾胃生发之气。细辛祛风散寒、行水开窍，辛而能散风，温而能散寒；片姜黄破血行气，通经止痛；威灵仙祛风湿，通经络；桑枝通经络、行津液、利关节、祛风、除痹、止痛。全方化瘀生新、补养肝肾、补气行气，以达气血双补、气血共行，祛风湿除痹痛的功效。

二、复诊一

双肩部疼痛稍缓解，左肩更为明显，左肩部活动不利较前好转，诸症均减，腰膝酸软、畏寒肢冷不显，胃纳、睡眠尚可，舌体胖，苔白，脉弦细。查体：右侧三角肌轻度萎缩，双肩部肤温正常，皮肤感觉正常，右肩部周围肌肉略紧张，右侧大结节顶点处压痛（＋），左侧结节间沟处轻压痛（＋），右肩关节主动活动受限，前屈 0°～140°、后伸 0°～30°、外展 0°～60°、内旋 0°～50°、外旋 0°～60°，左肩关节主动活动稍受限，前屈 0°～150°、后伸 0°～50°、外展 0°～130°、内旋 0°～40°、外旋 0°～40°，双侧肩关节被动活动尚可，右侧三角肌肌力稍差，IV 级左右，余肌肌力及左肩关节肌力正常。右肩疼痛弧试验阳性，左肱二头肌长头紧张试验阳性。

诊断考虑：①中医诊断：痹证（气滞血瘀）。②西医诊断：双侧肩关节周围炎、右侧冈上肌肌腱钙化、右侧肩峰下滑囊炎、右侧肩峰撞击综合征、左侧肱二头肌长头腱鞘炎。

治疗措施：

（1）双肩关节适当行功能锻炼，左肩关节适当加强关节内外旋功能，右肩关节注重加强外展、内旋等锻炼；

（2）注意肩部保暖，避风寒，可适当热敷患处，热敷后予活血止痛膏外敷；

（3）中药内服，治以活血化瘀、祛风除湿，方用葛根汤加桃红四物汤加减：

葛根 24g，桂枝 12g，白芍 12g，桑枝 12g，陈皮 6g，半夏 9g，白芥子

9g，车前草 15g，泽兰 9g，炒谷麦芽各 20g，神曲 6g，片姜黄 9g，细辛 3g，威灵仙 12g，生姜 3 片，大枣 12 枚。每日 1 剂，此方调治 2 周。

按 方中继用活血化瘀、祛风除痹。舌胖苔白，脾之阳气虚弱，兼寒湿之象，药用陈皮配伍半夏，理气健脾，燥湿化痰，辅以白芥子温肺豁痰利气，散结通络止痛。炒谷麦芽、神曲健脾消食、和中开胃，以共奏温阳健脾之效。

三、复诊二

经功能锻炼、活血止痛膏外用并联合中药内服，患者目前左肩症状已基本缓解，现左肩部活动可，右肩部仍感疼痛，活动不利，舌质淡红，苔白腻，脉沉细。查体：右侧三角肌轻度萎缩，右肩部肤温正常，皮肤感觉正常，右肩部周围肌肉无紧张，右侧大结节顶点处轻压痛，左侧结节间沟处轻压痛（-），右肩关节主动活动轻度受限，前屈 0°～140°、后伸 0°～40°、外展 0°～90°、内旋 0°～50°、外旋 0°～60°，左肩关节主动活动稍受限，前屈 0°～160°、后伸 0°～50°、外展 0°～160°、内旋 0°～60°、外旋 0°～60°，双侧肩关节被动活动尚可，右侧三角肌肌力稍差，IV 级左右，余肌肌力及左肩关节肌力正常，右肩疼痛弧试验阳性。

诊断考虑：①中医诊断：痹证（气滞血瘀）。②西医诊断：右侧肩关节周围炎、右侧冈上肌肌腱钙化、右侧肩峰下滑囊炎、右侧肩峰撞击综合征。

治疗措施：

（1）右肩关节加强功能锻炼，以爬墙运动、扶持牵拉、体后拉手等为主；

（2）注意保暖，继续热敷右肩部；

（3）继续活血化瘀、行气止痛，予桃红四物汤加减口服：

红花 6g，当归 10g，川芎 10g，生地 15g，赤芍 12g，制元胡 10g，葛根 15g，片姜黄 9g，细辛 3g，威灵仙 10g，桑枝 15g，桂枝 10g，制乳没各 5g，泽兰 10g，生姜 3 片，大枣 10 枚。每日 1 剂，此方调治 2 周。

按 方中继用活血化瘀、行气止痛。增加元胡以提升活血、行气、止痛之功效。气行则血行，方中增加乳香、没药、泽兰，活血化瘀行气、消肿止痛通络。

四、复诊三

经治疗，患者右肩部疼痛明显缓解，肩部活动度基本恢复，目前稍感心悸，无胸闷胸痛等不适，胃纳、夜寐均可。舌红苔薄白，脉沉细，尺脉弱。查体：右侧三角肌轻度萎缩，右肩部肤温正常，皮肤感觉正常，右肩部周围肌肉无紧张，右侧大结节顶点处无压痛，右肩关节主动活动轻度受限，前屈0°～150°、后伸0°～50°、外展0°～130°、内旋0°～50°、外旋0°～60°，右侧肩关节被动活动尚可，右侧三角肌肌力稍差，Ⅳ级左右，余肌肌力及左肩关节肌力正常，右肩疼痛弧试验阴性。

治疗措施：

（1）右肩关节加强功能锻炼，甩手锻炼、爬墙运动等；

（2）注意保暖，继续热敷右肩部；

（3）予葛根汤合瓜蒌薤白汤加减口服：

葛根 20g，瓜蒌 10g，薤白 10g，生晒参 15g，麦冬 15g，丹参 20g，五味子 15g，桂枝 6g，片姜黄 6g，当归 15g，熟地 15g，陈皮 6g，生姜 3 片，大枣 12 个。每日 1 剂，此方调治 2 周。

按 活血化瘀、行气止痛已奏其效，患者肩凝症表现已基本消失。该方中守方同时，配合瓜蒌薤白汤通阳散结，行气祛痰，以除心悸之症。

学 术 思 想

　　肖氏治学严谨，重视中医经典文献学习，阅读了大量中医典籍，深受中国传统儒家思想的熏陶。肖氏医德高尚，遵循"崇尚经典、整体辨证、衷中参西、关注病理，遣药精当，动静有序、防治结合"的主要思想。肖氏在诊治骨伤病方面将中医的"辨证"与西医的"辨病"相结合，既强调中医理论"辨证"的完整性和统一性，又具有运用现代骨科技术重诊断，重病理互补互用的辨证思维。既用手术技术解决传统骨伤技术不能解决的难题，又用中医辨证施治来弥补现代骨科技术内服药物治疗的不足。从骨伤患者的伤情的局部出发，兼顾整体、全面分析病情，对疾病所处的不同时期、不同阶段，有所侧重、全面考虑再予以处理。中西结合的治疗方法取长补短，才是两者的完美结合，肖氏的思想运用于临床，受现代医学的影响，在中医治法上也有了不断的完善与补充。

第一节　构建"髓系骨病"理论体系

　　肖氏在几十年的骨伤疾病临床经验中，在中医经典理论"肾主骨"的基础上，创新性地将奇恒之腑"髓"对骨科疾病的影响作为一个独立的研究专题——髓系骨病提出。他带领团队系统整理历史文献，溯源探流，结合临床实践，研究髓的实质、髓的生理与病理、髓系骨病的治疗与预防等内容要点，系统构建髓系骨病的理论体系，发挥对骨伤疾病临床辨证论治的重要指导作用。

一、"髓病理论"源流考

　　《说文解字》云："髓者，骨中脂也。"中医学对髓的认识始于《史记·扁鹊仓公列传》："疾之居腠理也，汤熨之所及也；……其在骨髓，虽司命无奈之何"，这里髓的概念是指深部的病位层次。《汉书·艺文志》也记载："医经者，原入血脉、经络、骨髓、阴阳、表里，以起百病之本，死生之分。"可见秦汉时期骨髓已成为相对独立研究的学术领域，而且髓与骨并提，骨髓一体论成为中医髓学说的主干。《内经》对髓的认识见于多个篇节中，主要有二：一是把"髓"作为"奇恒之腑"，第二认为髓为液状物质，即五液之一，汗、溺、泣、唾、髓。宋·洪迈《夷坚志》记载的道人詹志永坠马折伤后留下"脚筋拳缩不能伸"，是目前所见最早的髓病学说在骨伤科运用的病例。在《黄帝内经》之后，《脾胃论》《卫生宝鉴》《世医得效方》《景岳全书》《寓意草》《永乐大典》《古今图书汇编》等医著中对髓病学说均有所贡献。髓病理论是在长期的临床实践和理论创新的基础上逐步发展起来。

在清·唐容川之前，中医文献中并没有"脊髓"这一分类，"脊"是隶属于骨的范畴之内。尽管诸髓形态、组织发育各异，但诸髓皆由肾精化生，是人体生理和病理的根本。《素问·阴阳应象大论》记载："肾生养骨髓""髓者，骨之充也"（《类经·藏象类》）。《素问·痿论》说："肾主身之骨髓""肾不生，则髓不能满。"（《素问·逆调论》）。因此，肾精是多髓共病的本源，肾气强则骨髓充满，肾气弱则骨髓枯竭，肾不生髓则百病将至。

随着对干细胞尤其是骨髓干细胞在脑组织、心脏组织、骨组织、肝脏组织的修复作用及机制明确，髓病理论的研究取得了若干进展，髓病的理论体系也逐渐清晰。现代学者研究认为，"髓"的生物学基础是干细胞及其组织微环境。例如，有研究观察：在坏死股骨头内骨髓间充质干细胞（BMSCs）的增殖活性、成骨活性下降，BMSCs具有分化为成骨细胞的潜力，与"髓"的功能类似。可见"髓"确实如中医学文献中所载，是骨骼的发育、生长和代谢重要的物质基础，尽管诸髓形态、组织发育各异，但彼此之间存在千丝万缕的联系，有学者称之为"泛髓关系"，有必要对泛髓关系的髓系病证进行系统总结和深入挖掘。

二、"髓"的物质基础与功能研究

中医学认为，"髓"是装载于骨腔内的膏状样精微物质。目前，已有多项研究表明干细胞及其组织微环境与"髓"的功能相近，是"髓"在细胞层次的存在形式。类似种子与土壤的关系，如骨髓间充质干细胞及其微环境对骨骼进行充填、滋养与修复，发挥"髓以养骨"的生理功能。神经干细胞产生大量脑细胞组织，并进行自我更新，为脑组织细胞提供足量的分化潜能细胞，发挥"髓以养脑"的生理功能。根据"髓"不同的分布部位，"髓病理论"可具体分为"髓系脑病""髓系骨病""髓系血病"等，不同功能分类的干细胞及其组织微环境是"髓"在细胞层次不同的存在形式。

有学者研究骨质疏松症与阿尔茨海默病存在一些共有的致病因素、发病机制和信号通路。也有学者认识到髓的空虚是导致老年性痴呆与骨质疏松症发病的共同病机。这系列研究提示"髓系骨病""髓系脑病"存在相似的物质基础和发病机制，同属于髓系疾病之一。

现代生理学认为，机体内不是处于固定不变的静止状态，而是处于动态平衡状态，内环境稳态是细胞维持正常生理功能的必要条件，也是机体维持正常生命活动的必要条件。人体在骨的生长期完成后，看似安静的骨骼，但骨的代谢是活跃的。这种以骨的吸收－重建为特点的代谢一直延续到生命的终结。骨细胞的代谢平衡形成了骨组织内环境的骨稳态，是骨骼健康的标志。骨稳态的维持过程受到生长因子、细胞因子、激素和力学刺激等多种因素的神经内分泌网络调控。从这个意义上讲，"髓"具有维持内环境稳态的功能，即调控骨稳态的功能。调控体系一旦被打破，内环境稳态就会失去平衡出现"髓亏""髓虚""髓减"的病机，进而出现组织内环境的稳态失衡。如"髓虚"病机造成的骨稳态失衡是骨骼相关疾病的共同生物学基础。

三、"髓系骨病"的证治研究

人类的生长发育及强弱皆赖于髓的滋养，髓足则骨强体健，髓亏则骨虚体弱。"髓"与"骨"的这种生养关系，在骨伤疾病中得到了显著体现。中医学"肾主骨生髓"理论提示我们：骨髓间充质干细胞不仅是骨组织工程的种子库，骨髓间充质干细胞对成骨成脂等骨细胞的分化，也为骨骼的生长发育提供了内稳态的环境。因此，骨骼相关疾病的共同生物学基础是骨骼生长发育的种子对土壤环境的调控体系失去平衡，调控体系一旦被打破，骨稳态就会失去平衡。在临床上，以调节骨系细胞的阴平阳秘来维持骨稳态为指导，开展髓系骨病的循证和防治研究，对防治骨增生、骨坏死、骨疏松等骨伤疾病有重要的理论和临床指导意义。

（一）"髓系骨病"的机制研究

髓足则骨健，骨病的一个重要病机就是髓减骨枯，骨系细胞消长失衡，骨的正常代谢活动出现障碍，动态的骨重建过程失去平衡，最终形成以"骨稳态失衡性"为特征的髓系骨病。例如，DKK1中和抗体通过激活骨髓间充质干细胞中Wnt/β-catenin信号通路，加速骨折愈合过程中的软骨内骨化过程，实现骨重建。

骨坏死早期多表现以局部微骨折，成骨和破骨失平衡，以致骨稳态无法维持。犬自体骨髓间充质干细胞（MSCs）经动脉回输后能迁移至股骨头坏死区，并分化为成骨细胞以恢复其骨重建，减弱甚至逆转骨稳态的失衡。右归饮协同转染VEGF的MSCs移植治疗激素性股骨头坏死中能较好地改善血运与骨修复重建作用。证实益髓中药可改善骨坏死病理表现，增强BMSCs的成骨能力；移植的BMSCs能增加VEGF和TGF-β等的表达，促进血管再生，创造利于BMSCs增殖分化的微环境，亦能修复坏死骨组织；Bmp-2、β-catenin-BMP、TGF-β等信号通路可作为"髓活骨"的靶点。实现了调髓活骨的目的。另有学者采用通过集落细胞刺激因子（G-CSF）动员外周血干细胞，再经股骨头主要供血动脉旋股内动脉移植BMSCs，移植的BMSCs能增加股骨头内血管内皮生长因子（VEGF）和TGF-β等生长因子的表达，促进血管再生，改善缺血，创造利于BMSCs增殖分化的微环境，实现"髓生骨"以修复坏死骨组织。上述研究不仅深化了髓系病证的生物学机制，而且丰富了调髓治法：益肾以调髓；局部直接输入"髓"使其速生谓之调髓；建立血循环，改善微环境以生"髓"谓之调髓。

（二）髓系骨病的病证体系

中医学以动态平衡论生理，平衡失调为病理，造成平衡失调破坏的因素即为病因。骨组织的重塑改建、正常代谢需要骨形成与骨吸收的耦联平衡，这一生物学过程的失耦联平衡将形成骨与关节病损，是髓系骨病微观细胞层面的重要机制。

肾为髓主，骨为髓府，髓藏精气的生理功能，决定了髓没有直接分泌制造精气的功能，而只有贮藏功能。肾主骨生髓，主生长发育的生理功能在很大程度上依赖于髓的转化与分化。髓在肾精转化程中，起着转化枢纽的作用，因此，肾－髓－骨系统中，肾为本，髓为化，骨为标。之前的研究证实肾虚证出现下丘脑－垂体－靶腺轴功能异常，骨稳态失衡，最先表现的就是成骨细胞和破骨细胞失耦联。这可以是直接由成骨细胞和（或）破骨细胞的异常导致，也可以是干细胞分化异常间接引起，即肾精不足，髓对精气的转化和分化功能出现异常。

（三）髓系骨病的治法创新：肾髓同治

临床上补肾调髓中药治疗骨坏死、骨疏松、骨增生及相关骨病已得到大家的承认。已证实补肾调髓中药具有类性激素样作用，主要通过调节 HPA-SO 轴的功能而防治骨坏死、骨疏松、骨增生等。例如，经典的补肾调髓名方六味地黄丸、金匮肾气丸、补肾活血方等均有不同程度的促进 BMSCs 成骨分化与矿化能力。调髓中药如杜仲、淫羊藿、续断、肉苁蓉、菟丝子、仙茅、补骨脂等均具有良好的促成 BMSCs 向成骨分化的作用，可通过多环节、多途径调节骨生成与骨吸收，使其达到骨形成与骨吸收相偶联，而防治骨病。肖氏在临床中常用杜仲、淫羊藿、续断等益肾促进干细胞增殖和成骨分化，起到补肾则髓充筋强。肖氏在临床中常用补肾活血汤来活血调髓，补肾活血汤方中的熟地、山药、附子、枸杞、肉桂、山茱萸、杜仲、桃仁等活血化瘀改善软骨下骨硬化，逐血中之瘀痹而调髓，促进干细胞向成骨、软骨细胞分化。在年老或疾病后期，考虑到气虚的病证，肖氏常在方中加菟丝子、当归、黄芪等，补气促进软骨及骨组织的再生和修复，气血充足则髓生有源，增强干细胞迁移和归巢的能力。

第二节　重视"整体辨证，审因论治"

整体辨证是中医学的核心理论。人是一个有机的整体，人体是由皮肉、筋骨、脏腑、气血、津液、经络等各个部分组成的。人体的各个部位在生理上相互联系，相互依存；但出现病理情况下又相互影响、相互克制，进一步造成全身气血不调，进而影响脏腑之间的平衡。当肢体受到损伤，同时也会损伤经络气血，致使气血瘀滞、脏腑失调、经络阻塞、阴阳失调而影响整体机能。正如《正体类要·序》中所言："……肢体损于外，则气血伤于内，荣卫有所不贯，脏腑由之不和，岂可纯任手法，而不求之脉理，审其虚实，以施补泻哉？……"充分说明了人体是一个整体，当局部损伤时，就会影响到脏腑气血乃至全身症状出现。治疗时也不能只关注局部，而应照顾到全身的气血和脏腑的虚实，全面调理。人体有五脏和五体相对应，五脏是指肝、心、

浙江中医临床名家·肖鲁伟

脾、肺、肾，五体是指筋、脉、肉、皮、骨，五脏和五体在五行关系上两两对应，并通过经络相连。皮、肉、脉、筋、骨依次由表及里分层构成四肢百骸，人体四肢百骸与五脏六腑通过血脉相通。血脉循经行于四肢、络于五体而濡养全身，这样人体就形成以五脏为中心、六腑为络属、气血津液为物质基础、四肢百骸为用、内外互通的有机整体。所以人体不同部位、不同方式和不同程度的损伤对脏腑功能的影响都是不同的。当不同脏腑功能失调或盛衰变化时，也可引起对应的四肢百骸的产生不同的变化，正如肾衰则骨枯髓减，肝阴虚则筋骨拘挛、屈伸不利，脾气虚弱则肌肉瘦削四肢乏力，心气虚则血脉空虚、血行无力、唇面苍白，肺阴虚则皮肤不荣、毛发干枯、萎黄等，所以这正是整体辨证在骨伤科中最全面的体现。

肖氏治疗骨伤病的整体观念，就是全面的考虑病情，从损伤的部位出发，首先辨清引发损伤的主要原因，损伤的时间和过程，再将血瘀、寒凝、痹阻、痰滞等致病因素结合起来，由点到面、由局部到整体的辨证思路，才能使骨伤科疾病的辨证真正达到整体辨证、内外兼治的理想境界。

肖氏一贯重视辨证施治，临床时反复强调不要听病开药，尤其是骨科医生。因为骨科大夫诊断更多凭借的是 X 片、CT 检查、MRI 等影像学的检查结果，往往忽略了中医四诊的重要性。肖氏在临床门诊的时候，特别重视对病因的辨证，通过分析疾病的症状、体征，结合各种病因的致病特点，找出辨证要点，才根据辨证结果进行施治。宋代陈无择《三因极一病证方论·三因论》说："如欲救疗，就中寻其类例，别其三因，或内外兼并，淫情交错，推其深浅，断其所因为病源，然后配合诸证，随因施治，药石针艾，无施不可。"因此，肖氏认为明确病因是治疗的前提，在参考疾病症候表现的同时，若能够针对病因采取相应的治疗方法，可以取得好的效果。在骨伤科中骨折、脱位、筋伤、伤科内证等由跌仆伤损、骑马跌坠等引起的疾病的病因属于不内外因，而能导致痹证与痿证的风、寒、湿、热都属于外因。病因辨证中的病因可以是导致损伤的直接原因，也可以是损伤后产生的病理产物形成的新的病因。病因辨证强调致病的根本因素以及病因在疾病发生发展过程中的演变规律，对伤科疾病的诊断和用药有着较好的指导作用。

50 多年的临床实践中，肖氏在辨证施治方面积累了一套独具特色的经验，辨证时尤其重视脉诊。在望、闻、问、切四诊中，虽然脉诊排在最后，但它是中医诊断学中最重要的一环，起决定性作用的一环。吴鞠通说："四诊之法，唯脉最难，亦唯脉最为可凭也。"（《增订医医病书》）强调脉诊的重要性。清代毛祥麟说："切脉辨证立方，为医家三要，而脉尤重，盖脉既明，自能辨证，而投药不难也。"（《对山医话》）。在《伤科汇纂》"凡例"中写道："损伤之症，虽有外形可观，然其内脏虚实，血气盛衰，非察候脉息，何由悉其病情？"可见对于骨伤科脏腑的虚实和气血的盛衰的诊断，脉诊是最好的手段。

一、辨脉重脉证是否相符

外伤引起的骨伤科疾病，常见有浮脉、沉脉、数脉、滑脉、涩脉、弦脉、洪脉、细脉、芤脉、结代脉等。肖氏认为骨伤科的脉诊主要应把握脉证相符与不相符规律。如果是重物压伤等类疾病时，在营血没有明显丢失的情况下，脉象应该是实而有力的，此为脉证相符的表现，如是出现虚数脉或是脉微欲绝，是脉证不相符，多是体内脏腑伤损严重，推动气血运行之力乏源的表现。因此，如果伤损较重，脉象虚促，提示病情危重，是伤损严重之时理所当然的脉象；但是，如果损伤伤口较浅，但是脉象是虚促的，则说明存在严重的内伤，伤情较重。《伤科补要·脉诀》记载："六脉模糊，吉凶难摸，和缓有神，虽危不哭，重伤痛极，何妨代脉，可以医疗，不须惊愕。"说重伤或疼痛剧烈的情况下会偶尔出现结或代脉，不必惊慌，但是如果脉象模糊就更是伤重的表现了。

二、注重四时脉的变化

天地之气，生长于春夏，收藏于秋冬。人与天地同气也，阳气生长，则脉浮升，阴气收藏，则脉沉降。因此，正常的情况会出现春浮、夏洪、秋毛、冬石的四时脉。肖氏在临床诊治过程中，对四时脉的变化也非常重视，人与天地相参，四时气候的变化使人体脉象也发生相应的变化。《素问·脉要精微论》云："四变之动，脉与之上下。以春应中规，夏应中矩，秋应中衡，冬应中权。是故冬至四十五日，阳气微上，阴气微下；夏至四十五日，阴气微上，阳气微下，阴阳有时，与脉为期；期而相失，知脉所分；分之有期，故知死时。微妙在脉，不可不察；察之有纪。从阴阳始，始之有经；从五行生，生之有度；四时为宜"这说明人体正常脉象是随着自然界阴阳消长的规律而变化，每时每刻都应与自然界的"四时节序"相应合，即所谓"四时为宜"。如果与"四时节序"不相应合，则为病态。肖氏强调脉诊要熟悉知常达变，以五脏四时平脉为参考，以脉之有神、有无胃气为准绳，为临床识脉审病打下基础。

第三节　关注病理，病证结合

辨病和辨证是从不同角度辨识疾病病位、病因、性质的方法，两者相互联系、相互补充以臻完备。辨病着眼于疾病整个病理过程的基本矛盾，有助于辨证从整体、宏观水平认识疾病的病位、病性、病势及疾病的发展变化；辨证侧重于疾病某阶段的阴阳失衡状态的辨识，可为辨病提供分析、认识疾病病理、生理演变规律的方法导向。在科学技术迅速发展、现代医学迅速普及的今天，人们面对的已不仅仅是那些内涵和外延较为模糊的病名，如眩晕、呕吐、痰饮、水气等，而是诊断明确，有一定病理、生理变化规律可循的现代医学疾病。临床只注重辨证，强调整体的调节，治疗就会缺乏针对性。对于许多无明显临床症状（包括脉、舌）的疾病或疾病的某一无症状的阶段，因无症可辨，还会疏于治疗，延误病性；反之，只侧重于辨病，强调疾病病理改变治疗的针对性，忽视疾病的动态变化及整体状态的调节，对许多功能性疾病甚至对于复杂的器质性疾患的治疗，就会束手无策。肖氏对中医辨证和辨病理论多有阐发，强调两者在中医理论指导下的有机结合，认为中医的辨证、辨病论治结合符合生物－心理－社会的现代医学模式，能更好地发挥中医系统论整体观的优势。

肖氏始终教导我们"师古而不泥古"，肖氏对骨伤疾患的临证具有较高的造诣，同时能够兼容并蓄，对现代医学科技进行针对性地吸收并为己所用。科技的发展给我们带来了翻天覆地的变化，同时也对传统骨伤科治疗领域、诊疗方法形成了冲击和重建。伴随社会和经济的快速发展，医学科技发展前所未有，肖氏在吸取传统医学精华的同时积极学习并使用现代医学技术，医学思维更加开阔，形成了全面的诊疗骨伤疾患的思维、方法和技巧。因此，在骨伤疑难疾病的诊治上，有了更多的选择和处理方法。同时，肖氏通过掌握和使用现代手术技术，对骨伤疾患诊疗进行了有针对性的修正，从理论和实践上为骨伤疾患诊疗的规范提供了理论支撑，使我们对骨伤科疾病的治疗在传统和现代两个方面有了更全面认知，便于推进中医诊治骨伤疾患的发展。

肖氏多年来受现代医学理论思想的影响，始终坚持衷中参西、关注病理的观点，这个观点实际上为辨证与辨病相结合。中医学和西医学是两套思维方式完全不同的医学体系，西医学"辨病"是指首先诊断明确，病理阶段清晰，才能使我们更准确地认识疾病，而中医的"辨证"是整体症候群的辨别，具有一定的通用性。因此我们用"辨病"指导"辨证"，"辨证"去完善"辨病"，两者结合才是形成了现代辨证理论。将建立在生理病理、解剖基础上辨病，为中医辨证提供了思维和方法。中医的"辨证"更丰富了现代骨科疾病的治疗方法。两者具有等同的科学价值，有很强的互补性，但不能相互取代。两者各取所长，结合治疗更具有准确性与针对性。例如，复杂创伤引起骨关节内骨折、血管神经损伤需要手术复位或重建，但是手术只是治疗的一部分，完全康复还需要后续治疗即中医的辨证施治。再如病原菌引起的化脓性关节炎、骨髓炎、骨关节结核需要手术清除病灶，结合抗生素治疗，但临床上仍然难以达到期望的效果，结合中医辨证治疗，往往能达到较满意的疗效。有了西医的辨病思维，对先天性发育不良等疑难病的病理有了深入细致了解后，行手术矫形，亦填补了传统医学治疗的空白。所以辨病和辨证两者有机的结合，才可能不致贻误病情，制定出完善的治疗方案。

第四节 药简效宏，擅用经方

医生的职责是治病救人，遣方用药必须精思熟虑，力求精简，有的放矢。《兵书》云："将在谋而不在勇，兵在精而不在多，乌合之众，虽多何用？"医家治病亦然如此，贵在辨证明，药味少而精。辨证明，要调查分析，切病情，要了如指掌，然后巧立处方，用药精简，攻其要端，常能事半功倍，挽救病人于危重。肖氏平时最反对的就是问病堆药，拼凑成方，或随症增药，采用围攻战术，开大方，少则十余味，多则数十味，由于药味过多，相互牵制，药力分散，形成无帅之兵，无主之方，往往难以收效。肖氏常告诫学生，一定要引以为戒。

经方以其组方严谨、疗效卓著而享誉中外，历千余年而不衰。自汉代以降，历代医家将其广泛应用于内、外、妇、儿诸科，取效皆捷，影响深远。长期实践证明，它确实是无数医家临床实践的结晶。毫不夸张地说，绝大多数经方皆是历代治疗病例最多的方药。因此，肖氏临证多选经方。但其所用，除个别病例外，并非机械照搬，而是据证灵活化裁，兼采众家之长，不断发展和创新。

肖氏总结自己临床的经验，效法仲景之立方，结合骨伤科之特点，临床遣方用药以药精、味娇、量专为原则，一般方子均不超过13味药。肖氏认为骨伤疾患得到有效的复位和固定之后，促进创伤肢体及脏腑功能的恢复就是中医中药发挥优势的大好时机。要很好地运用中药，就必须先熟读、精读中医"古籍经典"，领会辨证的精华，他强调研读经典，明其至理，知其要义，博采各家之长，兼收并蓄。临床中肖氏擅于灵活运用经方，并特别注重方剂的配伍研究，如运用血府逐瘀汤加味治疗胸部软组织挫伤或肋骨骨折，运用身痛逐瘀汤治疗腰背部软组织损伤。对于骨折创伤的药物治疗受魏氏伤科、宁波陆氏伤科、富阳张氏骨伤思想的影响，运用中医仍坚持以整体观为指导，按照三期辨证，结合患者不同的体质，制定不同的治则，内外兼治，取得了很好的疗效。

肖氏非常重视经典方的使用。这里的经方指狭义上《伤寒论》和《金匮要略》中的方子。他临床常用的经方有桂枝类方（桂枝汤类、小建中汤、当归建中汤、桂枝加龙骨牡蛎汤、当归四逆汤、温经汤、苓桂术甘汤、桂枝芍药知母汤、枳实薤白桂枝汤等），柴胡类方（包括小柴胡汤类、柴胡桂枝汤、柴胡桂枝干姜汤、柴胡加龙骨牡蛎汤、四逆散、大柴胡汤等），其余如葛根汤、麻黄附子细辛汤、吴茱萸汤、当归芍药散、酸枣仁汤、理中丸等。

经方药专而效宏，只要辨证正确，常常会收获很好的疗效。既减轻了病人的负担，又发挥了中医简、便、易、廉的优势。除了用经方，肖氏也喜用历代名方、效方。如六味地黄丸、金匮肾气丸、左归丸、右归丸、三仁汤、独活寄生汤、升阳益胃汤、清暑益气汤、平胃散、补中益气汤、阳和汤、归脾汤、炙甘草汤、血府逐瘀汤、桃红四物汤、二仙汤、四妙丸、青娥丸等。经方运用多遵"原方套用、守方加减、数方合用、扩充新药"原则。认为由秦汉时期直至明清，历代医家立法思想是一脉相承的。这些方子经历了几百年临床的考验，是先贤留给我们的宝贵财富，临床也都有不错的疗效。

药物的选择，直接关系着治疗效果，能够反映出医生医疗水平的高低。故在辨治过程中举足轻重，不容丝毫玩忽。如何精当遣药，是医者所极欲掌握的一项技术。肖氏用药经验，主要反映在如下几个方面。

首先要熟识药性。对于斯疾，何药非用不可？何药可用可不用？何药绝不可用？组方尽量选用前者，有时或药不凑手，或病有兼夹，可用可不用者亦可入方。但应随机佐入他药，以制约其副作用及不利于本病证之处，尽可能发挥其有利的一方面。或用其性，或扬其用，皆依法而定。后者乃不可入于方中。否则，将引起严重的后果。

其次，要注意用药平稳。大毒攻邪，衰半即止，不可过剂，矫枉过正，后患无穷。迫不得已，选用峻猛药物时，应注意随机加入扶正之品，寓攻于补，方致万全。

再则，在治疗慢性疾病时，因病程长，治疗时间久，短时期内难以痊愈，用药一般选补而不滞，滋而不腻，凉而不寒，温而不燥，活血而不破血及利水而不伤阴之品等，久服无弊。同时，尤应选一药多用，一举多得之药，精妙配伍，参机佐使，使药与病机丝丝入扣。如前述在肾衰竭时选用泽泻，即取其利尿、清热固肾一药多效等，它可使组方药物精炼，减少纠葛。肖氏认为内伤难证久治不愈者，最多正虚邪恋或寒热错杂。施治时要做到"治内伤如相，贵在圆通"。安全有效是其治疗的准则。常常强调，治病为的是救人，万不可攻病毁人。否则，徒劳无功，欲速则不达，甚而贻祸于病家。

肖氏时时注意各种经验的整理、提高。稍有闲暇，即读书撰文，写有大量的医案。同时还时常向周围同道学习，并注意收集流散于民间之验方。对行之有效，尤其对专病之治，效专力宏者，每据方分析其组方原理，探明其主治病证之特征。进而推知其主治范围，将其纳入辨证论治之轨道，以提高辨证论治的准确性、针对性，从而弥补经方的不足。同时，还常常总结自己的临床经验。他不但详细记载每一病例的症状体征，立法方药，还时常对每一治案进行小结，并找出其中的成败关键所在。于此，不单吸收成功的经验，而尤为重要的是吸取失败教训。对以前所治不效的病案，找出辨证及方药失误所在，少走弯路，改进疗法，另辟蹊径，往往可跳出古代医家所划定的圈子，使该病的治疗提高到新的水平。

第五节 崇尚经典，注重养生

健康问题越来越重要。数据显示，到 2050 年，我国 60 岁以上的人群将占总人群的 50%，真正进入老年社会。在过去的三次社会调查中显示，老百姓最关心的问题前三位分别是教育、医疗和养老，医疗和养老同属于健康问题。促进健康是全方位的，这不只是卫生部门的事，所有与健康工作有关的政府部门都有责任，都要担当起健康中国建设的责任。

世界卫生组织在《迎接 21 世纪挑战》中讲到，21 世纪医学将从疾病医学向健康医学发展，人类要主动掌握健康状态而非被动接受疾病。根据疾病的变化、环境的变化、需求的变化、卫生方针和政策都告诉我们要从疾病医学转到健康医学，如果不进行这个转变，疾病将越治越多，这一定不是医改的目标。现在医院分科非常细，有的住院病人一天要吃十几种药，头晕吃神经药物，血压高吃降血压药，肝纤维化还有专门的药，看上去每一样都没错，但是这十几种药加在一起它一定是错的。中医讲君、臣、佐、使，讲主治；但是西医是针对疾病用药。美国解剖学会对衰老死亡人群的解剖结果显示，一个人平均有 75 种疾病，按照通常的方法至少要使用 75 种药物。但是美国的数据又表示，同时使用四种药以上，药源性疾病的发病率就高达 30%，在美国，因药源性疾病导致死亡的不在少数。

再来看看我国居民健康素养水平，健康素养指的是个人获取和理解基本健康信息和服务，并运用这些信息和服务做出正确决策，以维护和促进自身健康的能力。2008 年我国的健康素养水平是 6.48%，到了 2015 年也才达到 10%，数字非常低，而过早死亡率却高达 18.5%，这说明发现和解决自身健康问题的能力还有待提高。如何改善大众健康问题，可参考《中国公民健康素养 66 条》，相对中医的五运六气学说，此书更为通俗易懂，但即便如此，真正能够照做并坚持的人尚不足 10%。我们现在可通过很多渠道去了解一些养生知识，也有很多机构在做药品宣传，但这些不一定正确。举一个冬虫夏草的例子，根据医书里面的介绍，冬虫夏草的使用应该有特定的适应证，并且每次用量不超过 10g。2016 年，国家药监局明确指出冬虫夏草长期服用是有害健康的，会导致砷超标，并发文叫停冬虫夏草用于保健品试点的通知，把冬虫夏草归于药品管理。但是，市场上冬虫夏草还是存在，并且卖得很火，依然是保健品里最贵的。所以，肖氏认为医生的责任还是非常艰巨，应该把提高居民健康素养水平作为一个重要的工作，让大家知道怎么生活是健康的。

一、《黄帝内经》中的健康长寿理念

健康与长寿是生命科学永恒的主题，随着物质生活水平不断提高和精神生活日益丰富，人们越来越渴望健康，企盼长寿。中医药学为中华民族的繁衍生息和健康做出巨大贡献，蕴藏着大量的养生保健理论及经验，对延缓衰老，延长寿命，做出了卓越的贡献。其中，列于四大经典之首的《黄帝内经》，作为中医学的奠基之作，它不仅是一部医学巨著，更是一部指导人类如何防病、益寿的养生典籍，其中的长寿之道内容非常丰富，历时 2000 多年来一直指导着人们运用于养生实践中。《灵枢·本神》提出的："顺四时适寒暑，和喜怒安居处，节阴阳调刚柔，可谓是健康长寿理念的精华所在。"

（一）健康长寿目标：学做贤人

《素问·上古天真论》是集中讨论养生的名篇，依次描述了古代四种不同长寿状态的得道高人："真人、至人、圣人、贤人"。其中，居天地之上的"真人"，提挈天地，把握阴阳。去世俗之间的"至人"，淳德道全，和于阴阳，调于四时。居世俗之内的"圣人"，处天地之和，从八风之理，适嗜欲于世俗之间。阐幽发微的"贤人"，法则天地，象似日月，辨列星辰，逆从阴阳，分别四时。综观这四种高人，唯有"贤人"距离我们最近。贤人是能遵从古训而修为的人中典范，他们注重古代圣贤的教导，重视顺应自然之理，上知天文气象、下知地理，懂得且把握养生技巧，寿命就能达到自然限数而寿终正寝。这与《内经》"和于术数"的要求也是一致的。《内经》生态长寿观以及养生长寿的核心在于顺应自然、未病先防、培元固本。通过通晓四时、阴阳、日月星辰规律，为人类指出了可以达到的"将从上古合同于道，亦可使益寿而有极时"的健康长寿之路。

（二）健康长寿心法：和阴阳顺四时

古哲无论是真人、至人、圣人和贤人，时空虽有上古、中古之分，但益寿之道就是顺应四时，调和阴阳。《素问·四气调神大论》中说"故阴阳四时者，万物之终始也，生死之本也，逆之则灾害生，从之则苛疾不起，是谓得道。道者，圣人行之，愚者佩之"。阴阳思想是《黄帝内经》的理论根基，整部《黄帝内经》都离不开阴阳二字。阴阳之理，阳为始，阴为终。四时之序，春为始，冬为终。死生之道，分言之，则得其阳者生，得其阴者死，合言之，则阴阳和者生，阴阳离者死。故为万物之始终，死生之本也。

而黄帝内经养生理论的基础是《四气调神大论》，四时之令，春生夏长秋收冬藏，各有其气，养生者，宜予以呼应，《灵枢·顺气一日分为四时》指出"春生，夏长，秋收，冬藏，是气之常也，人亦应之"。人若"不应四时之气，脏独主其病者，是必以脏气之所不胜时者甚，以其所胜时者起也"。养生就是顺者为养，逆者为杀。春生夏长，秋收冬藏，各有各气，宜顺不宜逆，逆春之生气则伤肝，逆夏之长气则伤心，逆秋之收气则伤肺气，逆冬气则伤肾。人身逆四时之气，即"离于道"。故《灵枢·本神》提出"故智者之养生也，必顺四时而适寒暑，和喜怒而安居处，节阴阳而调刚柔。如是则辟邪不至，长生久视"。

（三）未病先防：病起于过用

《黄帝内经》昭示："圣人不治已病治未病，不治已乱治未乱""上工治未病，不治已病"，并且提出了"治未病"基本理论，"顺四时而适寒暑，和喜怒而安居处，节阴阳而调刚柔"，注重未病先防，强调修身养性、动静结合，讲究四时不同的养生保健，辅佐药物、针灸等手段，符合当今世界回归自然的理念。

《素问·经脉别论》："故春秋冬夏，四时阴阳，生病起于过用，此为常也"。生病起于过用，形体过劳，包括劳力、劳神、房劳及过逸等，都会引致生病，张志聪曰："过于作劳，则下气上争，不复藏于下矣，阳气上出，则阴脏之精气，亦溢于下矣。所谓烦劳则张精绝也。"所以《素问·上古天真论》强调"不妄作劳""形劳而不倦，气从以顺""外不劳形于事，内无思想之患""不妄作劳"，则有利于养其精。至于过劳之害，《内经》也指出，如劳则气耗、"劳则喘息汗出，外内皆越，故气耗矣"。《素问·举痛论》曰："因而强力，肾气乃伤，高骨乃坏"。《灵枢·顺气一日分为四时》中道："夫百病之所始生者，必起于燥湿寒暑风雨，阴阳喜怒饮食居处……"兹据疾病之因，为四时六气过用、情志过用、饮食过用、形神过用及医药过用等。

（四）治病调适：守中道以平为期

《内经》治病之见虽多，但治病目标是以"以平为期"，达致此目标，其治则与治法均以"和"为核心。形体失和，做出治理，恢复其和，代表病愈，故此"和"可称治法之母。在治法上，强调"以平为期"，无太过或不及。所谓"以平为期"，王冰阐释说："实泻虚补，此所谓顺天之道。老子曰天之道，损有余补不足也。血脉满坚，病邪留止，故先刺去血，而后乃调之，不当询问病者盈虚，要以脉气平调为之期准尔。"王冰提出治病结果以"脉气平调"为期。张景岳《类经》也说："凡病甚者，奏功非易，故不必问其效之迟速，但当以血气平和为期则耳"。《素问·六元正纪大论》又指出："不远热则热至，不远寒则寒至，寒至则坚痞，腹满、痛急、下利之病生矣。热至则身热，吐下霍乱，痈疽疮疡、瞀郁注下、䐜胀肿胀、呕吐衄头痛、骨节变、肉痛、血溢血泄，淋闷之病生矣。"上述各病证属于误治引发的后遗症。

《黄帝内经》对身心疾病的社会心理致病因素、发病机制、诊断防治等方面都有许多精辟的论述，对心理与生理、个性心理特征、心理因素在疾病发生发展中的地位、心理治疗等，均做了原则性的总结，提出了很多颇有价值的见解，并形成了较完整的理论体系。

二、子午流注与十二时辰养生

子午流注是中医先贤发现的一种规律。天覆地载，人在其中，以这个原则取穴。一年四季节气交替，气候变化是有规律可循的。这些变化与人体疾病治疗密切相关。中医认为，人体中十二条经脉对应着每日的十二个时辰。由于时辰在变，因而不同的经脉中的气血在不同的时辰也有盛有衰。中医哲学主张天人合一，认为人是大自然的组成部分，人的生活习惯应该符合自然规律。把人的脏腑在十二个时辰中的兴衰联系起来看，环环相扣，十分有序。

"血气应时而至为盛，血气过时而去为衰，逢时而开，过时为阖，泄则乘其盛，即经所谓刺实者刺其来。补者随其去，即经所谓刺虚者刺其去，刺其来迎而夺之，刺其去去随而济之，按照这个原则取穴，以取其更好的疗效，这就叫子午流注法。"肖氏认为子午流注注重时间条件，以自然界周期现象，与人体气血周流的情况相配合的。通俗说来，子午流注是中医针灸以"人与天地相应"的观点为理论基础，认为人体功能活动、病理变化受自然界气候变化、时日等影响而呈现一定的规律。根据这种规律，选择适当时间治疗疾病，可以获得较佳疗效。因此提出"因时施治""按时针灸""按时给药"等。

虽然是中医骨伤专业，但是肖氏对子午流注、五运六气（图15）非常感兴趣，五运六气有专门的计算方法，根据天运、星辰的变化，根据历史上地气的变化总结出来一套治病与养生的方法。这套算法是要画出星际图，根据北斗七星在四季的变化以及和周边星座的关系来进行计算，非常复杂也难掌握，为此肖氏还特地去找师父学习。其中一位是长春中医药大学苏颖教授，她在国家卫生部和教育部的共同支持下，创办了"五运六气"教学实验基地，编写了专门的教材来教授如何观天象，做日晷，讲年运、岁运、日运、时运等。另一位是安徽中医药大学顾植山教授，顾教授写了非常多关于"五运六气"的文章，临床应用也做得非常好。他退休以后，在无锡市中医院创办了五运六气临床应用培训班，肖氏有幸在他的学习班中学习，有了很多的收获。近年顾植山教授组织成立了中华中医药学会五运六气专业委员会，并邀请肖氏担任副主委。

古代中医讲得非常清楚，未病时要养生，欲病施治，也就是将要得病的

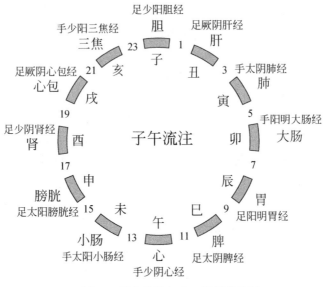

图15　子午流注与十二时辰养生图

时候要去治，已病时要早治，病后要调节防止复发。治未病的理念，经过这些年的宣传开始深入人心，但是还有很多老百姓不清楚治未病的理念，认为没病为什么要治？这时候就应该让他们知道"治未病"的概念，要顺应天时来调整不良生活习惯，健康地生活。古人讲："上古之人，知其道者，和于术数，食饮有节，起居有常，不妄作劳，故以形与神聚，而尽终其天年。"

在《黄帝内经》中，提到了寿运、年运、日运、五脏运、四时运。所谓寿运，就是期望寿命。第二个年运，年运是什么？古代皇帝到天坛、地坛祭拜天地，为了达到风调雨顺、五谷丰登，推测当年可能发生什么，会不会有大疫的发生等。国家每年都在关注气象，这一年是暖冬还是寒冬，暖冬有暖冬的养生方法，寒冬有寒冬的养生方法，这就是对岁运的运用。第三个是日运，日运就是在一天当中，早上应该干什么，中午应该干什么，晚上应该干什么？五脏运就是五脏对应的金、木、水、火、土，金、木、水、火、土相生相辅。比如，当年春节肝要大运，那么在春天养生的时候，对肝脏有损害的药物就要少用，对肝脏有损害的东西就要少吃。

2017年，一个对"生物钟"的研究成果获得了诺贝尔奖，获奖者的研究成果解释了许多动植物和人类是如何让生物节律适应随地球自转而来的昼夜变换的。古人很聪明，凭借着五官的感受以及对天地环境的观察，总结出五运六气，提出人要禀天气、地气生，要符合天地之道。古人把哲学、文学、医学很好地结合起来，将那些无法解释的规律总结为"道"，也叫作运。学习现代医学对于中医来说非常重要，中国医学一定是融合现代科技融合并具有时代特征，就像四大发明的活字印刷，尽管现代没有人在做活字印刷，但是它的原理却延续至今。因此，肖氏认为现代的实践医学、实践药物学、实践生物学、实践病理学都是对五运六气的科学解释。

肖氏曾跟一家电视台反映，媒体中所传播的两件事情对中国人的健康危害最大。第一就是常常出现吸烟镜头，结果就是我们一直以来都是烟的产量大国、销售大国与危害大国，这对国民健康是个极大的危害。第二就是美食节目的宣传，美食节目上所谓的美食永远都是多盐、多油，而且是十几个添加剂在里面，过了口瘾，但是你的肠胃功能，你的健康却是大大受到了损害。有大数据显示，东北人平均每天用盐 16g，杭州人平均 9g，东北人和南方人的平均寿命相差 6 岁，最后分析原因，东北人吃东西太咸，盐分太大，对身体的损害导致了寿命的短缩。

十二时辰的养生，首先，子午都应该是睡觉的时间。中午就是我们的午休，子就是阴阳交界的时候。百岁老人多数睡眠时间充足，基本都在 10 小时以上，要保证充足的睡眠。第二，看看百岁老人的舌苔，大部分的舌质呈现红润，并没有我们想象中那样苍白。第三，百岁老人的脉象非常特别，中医称之为寿脉，这就是他们顺应自然的结果。

三、回归自然乃最好的养生

肖氏在担任浙江省中医药学会会长一职期间，开展了一项"百岁老人"调研的工程。历经 3 年，走访省内外 300 余名百岁老人，探索健康养生长寿之道。百岁老人调研给肖氏最大的体会是，养生没有固定模式，每个人都有自己的养生方法，但是养生是有规律的。从形式上看，养生有两种，一种叫自然养生，另一种叫科学养生。其中，自然养生是顺从天命，顺应自然。通过对百岁老人的调研，肖氏发现，几千年来形成的适合自己的衣食住行习惯，实际上是最好的养生，最实用、最简捷，回归自然才是最重要的。百岁老人的养生确确实实符合中医讲的道法自然。第一个特点是食饮有节，这些百岁老人吃肥肉、咸菜的都有，但是食量是不多的，能容得自己七分饱，大概是一个长寿之道。第二个特点是起居有常，百岁老人大多数睡眠时间是 12 小时左右，所以百岁老人第二个特点就是睡眠时间非常充足。第三个特点是大多数百岁老人居住的地方相对简陋，他们的身体适应春、夏、秋、冬气候变化，这就叫天人相应，不像我们躲在空调房里，各个季节温度都一样。第四个特点是不妄作劳，不需要做的事，就不要去做，不要瞎操心、闲操心。如果我们能够做得到的话，"故能形与神俱，而尽终其天年，度百岁乃去。"人就可以活到百岁。《黄帝内经》里说："今时之人不然也，以酒为浆，以妄为常，醉以入房，以欲竭其精，以耗散其真，不知持满，不时御神，务快其心，逆于生乐，起居无节，故半百而衰也。"过早衰老的人，都是透支自己，突然一个打击就无法承受。

第六章

桃 李 天 下

> 发皇古义，融合中西，以推进中医时代化为己任，并实践于中医骨伤领域！
>
> ——肖鲁伟

第一节　润物无声，传承弟子

2008～2009年肖鲁伟先后被评为浙江省名中医、第四批全国老中医药专家学术经验继承工作指导老师，开展学术思想传承工作。2012年国家中医药管理局公布了全国名老中医药专家传承工作室建设项目，肖鲁伟全国名老中医药学专家传承工作室正式成立，由学术思想传承人童培建教授担任工作室负责人，推动肖鲁伟学术思想的传承工作。胡雪琴、季卫锋作为中医药传承博士后进入中国中医科学院博士后流动站进行肖氏学术思想传承工作。许超、金红婷、毛强等人作为学术继承人进一步开展了肖鲁伟学术思想、临床经验总结工作，传承和推广肖鲁伟学术经验。各位传承人随师侍诊，广泛收集回顾性医案和前瞻性医案，整理临证典型医案、经验方等，分析名老中医的临床辨证思维规律，研究总结名老中医学术思想和临证经验特色。结合名中医肖鲁伟的临床经验和学术思想，重点选择肖鲁伟平时擅长治疗的退行性关节病、椎间盘退行性疾病、早期股骨头坏死、骨质疏松症等常见病和疑难病进行系统地总结与研究，形成相应的临床诊疗方案和方法，为进一步推广应用名老中医诊疗经验提供临床依据。

一、童培建（学术思想传承人及传承工作室负责人）

肖氏在任期间，发掘、培养了大批高层次的科研人员，童培建就是其中突出的一员。肖氏在浙江省中医院主持工作时，为浙江省中医院打造了一支以童培建教授为核心的中医骨伤科临床教学科研队伍，目前这支队伍已经成为浙江省乃至全国中医骨伤科界的核心力量和领军团队。在肖氏的悉心培养下，浙江省中医院骨伤科主任童培建教授目前已经成为浙江省卫生领军人才培养对象，浙江省有突出贡献中青年专家，中国中西医结合学会骨伤分会副主任委员，全国高等中医院校骨伤研究会副主委。《中医正骨》《中国中医骨伤科杂志》副主编，《中国骨质疏松》杂志常务编委等。

童培建（图16），男，1961年出生，中共党员，医学博士、二级主任医师、教授、博士生导师，享受国务院政府特殊津贴，现任浙江中医药大学附属第

图16 童培建

一医院骨伤科主任、浙江省骨伤研究所副所长、国家中医药管理局重点学科和重点专科中医骨伤科学学科带头人；浙江省中西医结合骨关节病研究科技创新团队负责人；浙江省骨关节疾病中医药干预技术研究重点实验室主任；浙江省有突出贡献中青年专家、浙江省卫生领军人才培养对象。现为中国中西医结合学会骨伤分会副主任委员兼关节专业委员会主任委员、中国医师协会中西医结合分会骨伤科专家委员会主任委员、中国中医药研究促进会骨伤科分会关节专业委员会主任、中国中西医结合学会脊柱医学专业常务委员、浙江省中西医结合学会骨伤分会主任委员、浙江省老年学学会常务理事等。

临床擅长股骨头坏死、骨关节炎、颈椎病、腰椎间盘突出症的中西医结合诊治及微创手术，多项技术处于国内领先水平。国内首创旋股内动脉插管血管融通加多能干细胞治疗早期股骨头坏死。国内首先开展激素性股骨头坏死与肾阳虚、药毒的相关性研究，研究了"肾主骨"理论，在继承了肖鲁伟学术思想后，提出了药毒蚀骨的致病学说和激素性股骨头坏死总属肾阳虚证的发病机制，并在中医学"肾主骨"经典理论的基础上，提出"从肾论治"的治疗法则。结合骨稳态失衡所致的骨质疏松症和骨坏死病理特点，在补益

肾精的同时，注重调节骨系细胞，标本兼治，整体和局部兼顾，将在细胞水平探索"肾虚"本质的科学内涵成为可能。近 5 年承接省部级以上课题 30 余项；获得省部级科技奖励 6 项，其中 2016 年获浙江省科学技术进步奖一等奖；国内外发表论文 160 余篇，其中 SCI 收录论文 50 余篇，作为主编和副主编出版专著 5 部；授权专利 4 项；成果推广 20 余项。他医术精湛，曾先后赴美国、德国、澳大利亚等地学习微创关节置换技术，在国内最早开展干细胞治疗股骨头坏死，疗效显著；率先开展微创关节置换、肝移植术后关节置换、血友病性膝关节置换、膝关节单髁置换，多关节同期置换、颈腰椎微创手术，经皮球囊扩张椎体成形术治疗椎体骨折。在国内率先提出颈髓损伤与低钠血症的关系，率先组织工程修复关节软骨缺损等新技术，擅长股骨头坏死、脊柱及关节疾病的中西医结合诊治，在省内外具有广泛的影响。

2014 年 5 月 26 日，第八届"浙江省优秀医师奖"评选启动。作为全省医师行业最高奖项，浙江省优秀医师奖旨在通过表彰在医学领域取得优异成绩和对健康事业做出突出贡献的优秀医师代表，展示医师队伍救死扶伤、爱岗敬业、乐于奉献、文明行医的精神风貌，为广大医师树立学习的榜样。而经过严格的评估程序后，童培建最终获得第八届优秀医师奖。

在中华医学会第十六届骨科学术会议暨第九届 COA 国际学术大会上，浙江省中医院骨科主任、浙江省骨伤研究所副所长童培建说："我们不能把老祖宗的好东西丢了，要认真整理、发扬光大、造福病人，同时也要注重吸收西医的新技术、新成果，这样才能相得益彰。"2012 年，由肖鲁伟领衔、童培建带领的中西医结合骨关节病研究科技创新团队成为浙江省重点科技创新团队。

为了切实解决骨关节疾病预防与治疗的疑点与难点，肖鲁伟、童培建团队借助现代科学和技术，为加强中医理论的提升和创新，将肾主骨理论、基因敲除及转基因技术、分子生物学技术等相关技术方法应用于骨伤常见病和难治病的应用基础研究。团队主要围绕股骨头坏死、骨质疏松症、骨关节炎的中医理论基础、发病机制、中西医结合防治方法和效用机制、有效干预的新药开发展开深入研究，并注重将研究成果及时转化到临床，提高临床诊疗水平。

基于此，肖鲁伟、童培建团队在国内首先开展激素性股骨头坏死与肾阳虚、药毒的相关性研究，提出了"从肾论治""药毒蚀骨"理论，并首先在国内外开展旋股内动脉穿刺血管融通联合多能干细胞治疗早期股骨头坏死实

验和临床研究工作，为股骨头坏死提供新的治疗思路和治疗手段。且经过临床随访发现，这不但能延缓股骨头坏死的进程，推迟患者接受关节置换治疗的时间，且费用低廉，能有效地节约卫生资源，减轻患者和社会负担，能取得良好的经济效益和社会效益。

这些都是来自于团队坚持不懈及创新精神，有了共同的目标才能高效发展。"搞团队建设就是抓'协同创新'"，童培建表示，未来建设期将秉承"创新、开放、务实、高效、联合"的宗旨，围绕主攻方向，持续攻关，全面建设稳定有力、科学严谨、求真务实的浙江省中西医结合骨关节病研究重点科技创新团队（图17）。

图17　浙江省中西医结合骨关节病研究重点科技创新团队

图18　吴承亮

二、吴承亮（学术思想继承人）

吴承亮（图18），男，1972年出生，中共党员，博士研究生，毕业于浙江中医药大学，中医骨伤科学专业。国家中医药管理局重点研究室骨痹研究室骨干成员，国家中医药管理局骨重建技术三级实验室骨干成员，浙江省中西医结合骨关节病研究重点科技创新团队核心成员，浙江省骨关节疾病中医药干预技术研究重点实验室核心成员。"浙江省

151 人才工程"第二层次培养对象，浙江省高校青年人才培养计划，浙江省高等学校中青年学科带头人。研究方向主要围绕椎间盘退变、股骨头坏死、骨性关节炎以及骨质疏松的病因病机及其中医药干预防治。曾任浙江中医药大学人事处处长、组织部部长，现任浙江海洋大学副校长。主持国家自然科学基金面上项目 3 项、浙江省自然科学基金 2 项，浙江省科技厅一般项目 1 项；发表国内外核心期刊论文 50 余篇，其中 SCI 收录论文 20 余篇；获得省部级以上奖励 5 项，厅局级奖励 4 项。任中华中医药学会骨伤分会委员，中国中西医结合学会第一届科研院所工作委员会常务委员，浙江省中医药学会中医院管理分会第二届委员会常务委员，浙江省中医药学会骨伤科分会委员会委员。

三、许超（学术思想继承人）

许超（图 19），男，1973 年出生，博士研究生，主任中医师，教授，硕士生导师，浙江中医药大学附属第二医院医务部主任。现任中国中西医结合学会骨伤专业委员会委员；中国医疗保健国际交流促进会中老年医疗保健分会委员；浙江省中西医结合学会骨伤科专业委员会青年委员；浙江省中医药学会骨伤专业委员会委员；第四批全国老中医药专家学术经验继承人；浙江省医学会医学鉴定专家库成员；杭州市医学会医学鉴定专家库成员。"浙江省 151 人才工程"培养对象、国家级心理咨询师。

图 19　许超

2011 年 6 ～ 8 月作为"德中科技交流基金"（DCTA）访问学者在德国 Klinikum Ingolstadt 进修访问骨关节创伤诊疗技术。熟练开展四肢、关节创伤疾患的中西医结合诊治。主要学术研究方向为中西医结合治疗骨关节创伤病患，退行性骨关节病及各种原因引起的肢体不等长、小儿麻痹后遗肢体畸形的矫正。主持省部级课题两项，在国家级学术期刊发表学术论文 40 余篇，参与编写《实用骨伤科临床诊查法》等著作。

四、季卫锋（传承博士后）

季卫锋（图20），男，1978年出生，中共党员、中国中医科学院博士后、医学博士、副教授、副主任中医师、硕士研究生导师。全国第四批老中医药专家学术经验继承工作优秀继承人。浙江省高校中青年学科带头人培养对象、"浙江省151人才工程"第三层次培养对象、浙江省中医院"飞鹰人才计划"培养对象。

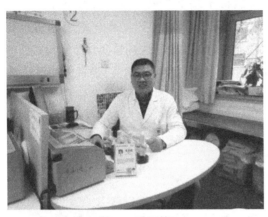

图20　季卫锋

1999年浙江中医学院针灸学专业本科毕业，同时进入金华市金东区中医院骨伤科工作。2003年浙江中医学院中医骨伤科学方向硕士研究生毕业，同年进入浙江中医学院附属第一医院（即浙江省中医院）骨伤科，从事临床、教学和科研工作。2006年浙江省教育厅公派日本顺天堂大学骨科留学1年。2011年浙江中医药大学中医骨伤科学方向博士研究生毕业，2012年完成第四批全国老中医药专家（肖鲁伟）学术经验继承学习，跟师四年期满出师，考核优秀，被评为优秀继承人。2013年入选浙江省中医院飞鹰人才和浙江省151人才第三层次培养，圆满完成培养考核。2013年12月中国中医科学院博士后流动站进站学习，2018年出站。2014年3月入选浙江省优秀151人才访问学者出国进修计划，赴美国齐佩瓦威利骨科与运动医学医院进修，从事髋关节镜和人工髋关节置换术临床研究，研究成果发表于《国际骨科杂志》。回国后，在肖鲁伟老师指导下，开发系列髋关节前路置换DAA腿部支撑架和拉钩，可方便手术操作，大大减少手术并发症，已获3项国家专利，利用该DAA支架开展微创直接前路髋关节置换术。同时开展各种复杂人工关节置换术，如双髋一期置换、强直性脊柱炎髋关节置换、先天性髋脱位关节置换、严重内外翻膝表面膝置换、骨缺损膝位膝置换、人工关节翻修术等关节领域高难度手术。2017年入选浙江省高校中青年学科带头人培养对象。

主要研究方向为骨与关节疾病的诊治，对中医药防治股骨头坏死的基础与临床方面开展了深入的研究，对骨性关节炎的中医辨证治疗提出了新的见解，并在实验与临床研究上取得了丰硕的成果。近年来的科研工作，主要集中在骨关节疾病的应用基础研究、脑外伤与骨折愈合机制。主持国家科学自然基金 1 项，中国博士后基金 1 项。作为主要参与人荣获浙江省科学技术奖二等奖 2 项。在 *International Orthopaedics* 及中华创伤杂志、中国中西医结合杂志等国内外杂志发表了多篇高质量学术论文。

五、胡雪琴（传承博士后）

胡雪琴（图 21），女，1978 年出生，博士研究生，副研究员，浙江中医药大学附属第一医院骨伤研究所。现任中国中医药研究促进会医养结合分会常务理事，中国中西医结合学会中医院信息专业委员，世中联信息专业委员会委员。

2010 年 3 ～ 8 月受奥地利欧亚太平洋学术网（EPU）资助在奥地利 University of Vienna 进行博士后访学。2019 年 8 月在美国哈佛医学院 Beth Israel Deaconess Medical Center 进修访学中医药信息学处理技术。主要学术研究方向为中医诊断智能化、中医五运六气学的现代应用等。主持国家级课题一项，省部级课题一项，在国家级学术期刊发表学术论文 20 余篇，参与编写《中华大典·医药卫生典》《亚健康养生与保健》等著作。

图 21　胡雪琴

六、金红婷（学术思想继承人）

图 22　金红婷

金红婷（图 22），女，1982 年出生，中共党员，博士研究生，副研究员，浙江中医药大学附属第一医院骨伤研究所所长助理，毕业于浙江中医药大学，中医骨伤科学专业，浙江大学细胞生物学博士后。国家中医药管理局重点研究室骨痹研究室的成员，国家中医药管理局骨重建技术三级实验室成员，浙江省中西医结合骨关节病研究重点科技创新团队成员兼秘书，浙江省骨关节疾病中医药干预技术研究重点实验室成员兼秘书。研究方向主要围绕骨发育与骨重建研究，骨折、退行性骨关节病、股骨头坏死等骨科疾病的机制及中西医防治方法的研究。2009 年 9 月赴美国罗切斯特大学医学中心骨科实验室学习，为期 2 年。目前作为项目负责人有国家自然科学基金青年项目 1 项、国家自然科学基金面上项目 2 项、浙江省"钱江人才"计划 1 项、浙江省重点科技创新团队自主项目 1 项、浙江省自然科学基金课题 2 项、浙江省中医药管理局课题 3 项，作为主要完成人参与国家级课题 5 项、省部级课题 4 项、厅局级课题 5 余项；在 *JBMR*［IF（影响因子）：6.589］，*Bone*（IF：4.461），*FEBS Letter*（IF：3.538），*Gene*（IF：2.341），*Int Orthopaedics*（IF：2.025），*Osteoarthr Cartilage*（IF：3.904），*Arthritis Rheum*（IF：7.866），*Calcif Tissue Int*（IF：2.476），*J Cell Sci*（IF：6.111），*Ann N Y Acad Sci*（IF：3.155），《中华骨科杂志》《中国骨伤》《中国中西医结合杂志》等期刊发表学术论文 100 余篇［SCI（《科学引文索引》）收录论文 43 篇］，其中第一作者或通讯作者 16 篇；主编著作 1 部，参编著作 4 本，其中一本为英文著作。所获奖项：省部级一等奖 1 项（排名第三）、省部级二等奖 2 项（排名第二和第三）、省部级三等奖 2 项（排名第二）、厅局级一等奖 2 项（排名第三）、厅局级二等奖 1 项（排名第一）、厅局级三等奖 1 项（排名第二）。2011 年获得中国中西医结合学会优秀青年贡献奖。被聘为中华中医药学会骨伤分会青年委员，浙江省中西医结合学会第五届骨伤科专业委员会青年委员会委员，中国医师协会中西医结合分会骨伤科专家委员会的委员兼秘书，中国中西医结合学会骨伤分会基础学组委员，中国中医药研究促进会骨伤科分会常委，世界中医药学会联合会骨伤专业委员会理事，浙江省针灸学会针刀分会青年委员，中国康复医学会修复重建专业委员会保髋学组委员，中国中西医结合学会第一届慢病防治与管理专业委员会委员，浙江省中医药学会名老中医经验与学术流派传承分会第一届青年委员会副主任委员，中医药研究促进会运动医学分会副主任委员。

七、毛强（学术思想继承人）

毛强（图 23），男，1985 年出生，医学博士，浙江中医院大学附属第一医院主治医师。现任中华中医药学会骨伤分会青年委员，中国研究型医院学会骨科创新与转化委员会中西医结合关节外科工作委员会委员。从事骨伤科临床、科研及教学相关工作。擅长中西医结合治疗骨与关节疾病及骨代谢疾病 3 在 *J Bone Miner Res*，*Bone*，*Chin J Integr Med*，《中华骨科杂志》和《中华外科杂志》等国内外期刊发表学术论文十余篇，主持国家自然科学基金和浙江省自然科学基金各一项，参与国家级、省部级项目多项，作为主要成员获浙江省科技进步一、二等奖各一项，中国中西医结合学会科技进步三等奖两项，浙江省中医药科技进步奖一等奖一项，二等奖两项。

图 23　毛强

第二节　虚怀若谷，扶植后学

肖氏在对待后学时，不管是否是自己的弟子，也不管是具有临证经验的医生还是初学者，都一视同仁，悉心教导。平易近人，和蔼可亲，耐心指导，循循善诱，有问必答，有求必应，关怀备至。经常对学生进行耳提面授，使学生大受裨益。

几十年来，肖氏"师古而不泥古，创新而不离宗"，在教学和科研工作上不断取得优异成绩，他常说"十年树木、百年树人、为人师表、教书育人"，培养了多名博士后、博士、硕士研究生及学术继承人。

2008 年肖氏被评为第四批全国老中医药专家学术经验继承工作指导老师、浙江省名中医，开展学术思想传承工作。2012 年，肖鲁伟全国名老中医药专家传承工作室获批成立，现有工作人员 10 人，其中高级职称 6 人、中级职称 3 人、初级职称 1 人，其中博士 6 人、硕士 2 人、本科 2 人。肖氏把自己毕生积累的临床经验毫无保留地传授给自己的学生。肖氏以他渊博的学识，精湛的技术，一丝不苟的作风，严谨的治学态度，辛勤培养出一大批中医骨伤界的栋才。枝繁叶茂的参天大树结出了累累硕果、桃李满天下。

多年以来，无论作为教师、医生、学者乃至校长、博导，肖氏始终对传统中医有着深厚的感情，尽自己所能传承中医文化，使其发扬光大。肖氏发现医学不是这么简单的，而是充满挑战、充满风险的。直到现在肖氏还经常跟学生和医院的医生讲："不要把医学想得十全十美，医学充满风险，这种风险有的时候是可避免的，有的时候不可控的。"

在一次学校论坛上，他面对本科生动情地说："你们是中医现代化冲锋陷阵的主力军，你们要成为'铁杆中医'，相信中医学的未来前景一片光明"。但同时他又是现代骨科技术的实践者，多次指出不应该排斥西医也不能对中医全盘接收，而应该将传统的中医哲学思想与现代技术结合起来，站在前人的肩膀上看问题，这样中医才能有所建树、有所成就，才会有"生生之气"，图 24 为肖鲁伟教授给学生讲解辨证论治。

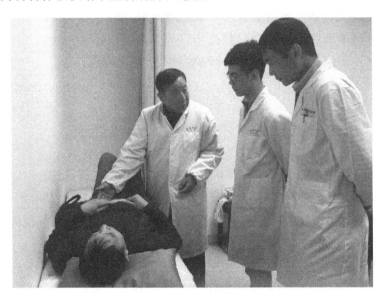

图 24　肖鲁伟教授给学生讲解辨证论治

附　历年博士后、博士研究生和硕士研究生名单（表 1 至表 4）

表 1　博士后名单

序号	姓名	所在单位	进站时间	是否出站	出站时间
1	阎亮	河南洛阳正骨医院	2018 年 8 月 30 日		
2	刘福存	浙江中医药大学附属第一医院	2014 年 2 月 17 日	已出站	2017 年 5 月 31 日
3	朴民声	萧山区第一人民医院	2011 年 12 月 1 日	已出站	2014 年 11 月 25 日
4	尹航	浙江中医药大学第二临床医学院	2011 年 11 月 7 日	已出站	2015 年 1 月 27 日
5	胡钢锋	萧山区第一人民医院	2008 年 8 月 19 日	已出站	2011 年 1 月 18 日
6	崔永锋	萧山区第一人民医院	2007 年 11 月 23 日	已出站	2009 年 12 月 7 日

表2 博士研究生名单

序号	年级	姓名	学位类别	专业	目前状态
1	2005级	吴承亮	学术型博士	中西医结合临床	已毕业
2	2005级	张娟	学术型博士	中西医结合临床	已毕业
3	2005级	胡钢锋	学术型博士	中西医结合临床	已毕业
4	2005级	刘迅	学术型博士	中西医结合临床	已毕业
5	2006级	蒋李青	学术型博士	中西医结合临床	已毕业
6	2006级	陈俊杰	学术型博士	中西医结合临床	已毕业
7	2006级	潘浩	学术型博士	中西医结合临床	已毕业
8	2007级	陈华	学术型博士	中医骨伤科学	已毕业
9	2007级	祁峰	学术型博士	中医骨伤科学	已毕业
10	2007级	吴云刚	学术型博士	中医骨伤科学	已毕业
11	2007级	许超	学术型博士	中医骨伤科学	已毕业
12	2007级	吕存贤	学术型博士	中医骨伤科学	已毕业
13	2007级	王萧枫	学术型博士	中医骨伤科学	已毕业
14	2008级	季卫锋	学术型博士	中医骨伤科学	已毕业
15	2008级	郑杰	学术型博士	中医骨伤科学	已毕业
16	2008级	王健	学术型博士	中医骨伤科学	已毕业
17	2008级	吴连国	学术型博士	中医骨伤科学	已毕业
18	2009级	庄伟	学术型博士	中医骨伤科学	已毕业
19	2009级	李雄峰	学术型博士	中医骨伤科学	已毕业
20	2009级	庄汝杰	学术型博士	中医骨伤科学	已毕业
21	2010级	何帮剑	学术型博士	中医骨伤科学	已毕业
22	2010级	厉驹	学术型博士	中医骨伤科学	已毕业
23	2011级	金红婷	学术型博士	中医骨伤科学	已毕业
24	2011级	王伟东	学术型博士	中医骨伤科学	已毕业
25	2011级	赵立来	学术型博士	中医骨伤科学	已毕业
26	2012级	陈祁青	学术型博士	中医骨伤科学	已毕业
27	2012级	单方军	学术型博士	中医骨伤科学	已毕业
28	2012级	杜文喜	学术型博士	中医骨伤科学	已毕业
29	2012级	孙益	学术型博士	中医骨伤科学	已毕业
30	2013级	瞿杭波	学术型博士	中医骨伤科学	已毕业
31	2013级	张善星	学术型博士	中医骨伤科学	已毕业
32	2014级	叶俊材	学术型博士	中医骨伤科学	已毕业
33	2014级	鲍航行	学术型博士	中医骨伤科学	已毕业
34	2014级	黄杰烽	学术型博士	中医骨伤科学	已毕业

序号	年级	姓名	学位类别	专业	目前状态
35	2014 级	许世兵	学术型博士	中医骨伤科学	已毕业
36	2015 级	徐涛涛	学术型博士	中医骨伤科学	已毕业
37	2015 级	张磊	学术型博士	中医骨伤科学	已毕业
38	2015 级	孙奇	学术型博士	中医骨伤科学	已毕业
39	2015 级	夏炳江	学术型博士	中医骨伤科学	已毕业
40	2016 级	董睿	学术型博士	中医骨伤科学	已毕业
41	2016 级	黄凯	学术型博士	中医骨伤科学	已毕业
42	2016 级	潘佳飞	学术型博士	中医骨伤科学	在校
43	2017 级	夏臣杰	学术型博士	中医骨伤科学	在校
44	2017 级	朱仲鑫	学术型博士	中医骨伤科学	在校
45	2017 级	胡松峰	学术型博士	中医骨伤科学	在校
46	2017 级	应俊	学术型博士	中医骨伤科学	在校
47	2017 级	章鹏	学术型博士	中医骨伤科学	在校
48	2018 级	罗程	学术型博士	中医骨伤科学	在校
49	2018 级	施振宇	学术型博士	中医骨伤科学	在校
50	2018 级	徐睿	学术型博士	中医骨伤科学	在校
51	2018 级	吕帅洁	学术型博士	中医骨伤科学	在校
52	2019 级	方亮	学术型博士	中医骨伤科学	在校
53	2019 级	张维新	学术型博士	中医骨伤科学	在校
54	2019 级	葛彦志	专业型博士	中医骨伤科学	在校
55	2019 级	凌厚福	专业型博士	中医骨伤科学	在校

表 3 硕士研究生名单

序号	年级	姓名	学位类别	专业	状态
1	1996 级	赵万军	学术型硕士	中医骨伤科学	已毕业
2	1998 级	郑文标	学术型硕士	中医骨伤科学	已毕业
3	1998 级	吴承亮	学术型硕士	中医骨伤科学	已毕业
4	1998 级	吕存贤	学术型硕士	中医骨伤科学	已毕业
5	1999 级	吴云刚	学术型硕士	中医骨伤科学	已毕业
6	2000 级	季卫锋	学术型硕士	中医骨伤科学	已毕业
7	2001 级	厉驹	学术型硕士	中医骨伤科学	已毕业
8	2001 级	武中庆	学术型硕士	中医骨伤科学	已毕业
9	2002 级	代燎原	学术型硕士	中医骨伤科学	已毕业
10	2002 级	沈进稳	学术型硕士	中医骨伤科学	已毕业

续表

序号	年级	姓名	学位类别	专业	状态
11	2002 级	许超	学术型硕士	中医骨伤科学	已毕业
12	2002 级	王伟东	学术型硕士	中医骨伤科学	已毕业
13	2003 级	沈龙祥	学术型硕士	中医骨伤科学	已毕业
14	2003 级	杜文喜	学术型硕士	中医骨伤科学	已毕业
15	2004 级	王兴中	学术型硕士	中医骨伤科学	已毕业
16	2004 级	周国庆	学术型硕士	中医骨伤科学	已毕业
17	2004 级	田琨	学术型硕士	中医骨伤科学	已毕业
18	2004 级	张鑫	学术型硕士	中医骨伤科学	已毕业
19	2004 级	黄忠名	学术型硕士	中医骨伤科学	已毕业
20	2004 级	胡德新	学术型硕士	中医骨伤科学	已毕业
21	2005 级	金红婷	学术型硕士	中医骨伤科学	已毕业
22	2005 级	胡松峰	学术型硕士	中医骨伤科学	已毕业
23	2005 级	赵红昌	学术型硕士	中医骨伤科学	已毕业
24	2005 级	胡通州	学术型硕士	中医骨伤科学	已毕业
25	2005 级	胡柏松	学术型硕士	中医骨伤科学	已毕业
26	2005 级	成立	学术型硕士	中医骨伤科学	已毕业
27	2005 级	卢荟	学术型硕士	中医骨伤科学	已毕业
28	2005 级	俞彬佳	学术型硕士	中医骨伤科学	已毕业
29	2006 级	许良	学术型硕士	中医骨伤科学	已毕业
30	2006 级	何帮剑	学术型硕士	中医骨伤科学	已毕业
31	2006 级	朱少兵	学术型硕士	中医骨伤科学	已毕业
32	2006 级	沈彦	学术型硕士	中医骨伤科学	已毕业
33	2006 级	吴俊生	学术型硕士	中医骨伤科学	已毕业
34	2007 级	李翰林	学术型硕士	中医骨伤科学	已毕业
35	2007 级	李陶冶	学术型硕士	中医骨伤科学	已毕业
36	2007 级	陆继业	学术型硕士	中医骨伤科学	已毕业
37	2007 级	方相	学术型硕士	中医骨伤科学	已毕业
38	2007 级	江彬锋	学术型硕士	中医骨伤科学	已毕业
39	2007 级	俞楠泽	学术型硕士	中医骨伤科学	已毕业
40	2008 级	胡洪周	学术型硕士	中医骨伤科学	已毕业
41	2008 级	李宁	学术型硕士	中医骨伤科学	已毕业
42	2008 级	毛强	学术型硕士	中医骨伤科学	已毕业
43	2008 级	吴岩	学术型硕士	中医骨伤科学	已毕业
44	2008 级	许应星	学术型硕士	中医骨伤科学	已毕业

序号	年级	姓名	学位类别	专业	状态
45	2009 级	鲍航行	学术型硕士	中医骨伤科学	已毕业
46	2009 级	姜月艳	学术型硕士	中医骨伤科学	已毕业
47	2009 级	方剑利	学术型硕士	中医骨伤科学	已毕业
48	2009 级	刘慧	学术型硕士	中医骨伤科学	已毕业
49	2009 级	许兵	学术型硕士	中医骨伤科学	已毕业
50	2010 级	蔡运火	学术型硕士	中医骨伤科学	已毕业
51	2011 级	胡淼锋	学术型硕士	中医骨伤科学	已毕业
52	2011 级	汤小康	学术型硕士	中医骨伤科学	已毕业
53	2011 级	许世兵	学术型硕士	中医骨伤科学	已毕业
54	2012 级	周晓成	学术型硕士	中医骨伤科学	已毕业
55	2013 级	叶福生	学术型硕士	中医骨伤科学	已毕业
56	2013 级	沈佳怡	学术型硕士	中医骨伤科学	已毕业
57	2014 级	赵鹏	学术型硕士	中医骨伤科学	已毕业
58	2014 级	应俊	学术型硕士	中医骨伤科学	已毕业
59	2015 级	凌晓宇	学术型硕士	中医骨伤科学	已毕业
60	2016 级	王蔡未	学术型硕士	中医骨伤科学	已毕业
61	2017 级	方亮	学术型硕士	中医骨伤科学	已毕业
62	2005 级	朱勇	专业学位硕士	中医学七年制	已毕业
63	2005 级	方佳平	专业学位硕士	中医学七年制	已毕业
64	2005 级	吴寒松	专业学位硕士	中医学七年制	已毕业
65	2005 级	黄余亮	专业学位硕士	中医学七年制	已毕业
66	2005 级	陈欢欢	专业学位硕士	中医学七年制	已毕业
67	2006 级	熊振飞	专业学位硕士	中医学七年制	已毕业
68	2006 级	樊燕华	专业学位硕士	中医学七年制	已毕业
69	2006 级	倪哲吉	专业学位硕士	中医学七年制	已毕业
70	2006 级	王城磊	专业学位硕士	中医学七年制	已毕业
71	2006 级	许伟攀	专业学位硕士	中医学七年制	已毕业
72	2007 级	潘佳飞	专业学位硕士	中医学七年制	已毕业
73	2007 级	徐斌斌	专业学位硕士	中医学七年制	已毕业
74	2007 级	齐东栋	专业学位硕士	中医学七年制	已毕业
75	2008 级	吕帅洁	专业学位硕士	中医学七年制	已毕业
76	2009 级	沈兴潮	专业学位硕士	中医学七年制	已毕业
77	2010 级	江佳珺	专业学位硕士	中医骨伤科学（5+2学制）	已毕业
78	2010 级	黄灿伟	专业学位硕士	中医骨伤科学（5+2学制）	已毕业

续表

序号	年级	姓名	学位类别	专业	状态
79	2010级	徐方琪	专业学位硕士	中医骨伤科学（5+2学制）	已毕业
80	2011级	郭燕威	专业学位硕士	中医骨伤科学	已毕业
81	2011级	夏炳江	专业学位硕士	中医骨伤科学	已毕业
82	2011级	谢健	专业学位硕士	中医骨伤科学	已毕业
83	2011级	郑嘉晖	专业学位硕士	中医骨伤科学（5+2学制）	已毕业
84	2011级	袁凯旋	专业学位硕士	中医骨伤科学（5+3学制）	已毕业
85	2011级	丁权威	专业学位硕士	中医骨伤科学	已毕业
86	2012级	何斌	专业学位硕士	中医骨伤科学	已毕业
87	2012级	张维新	专业学位硕士	中医骨伤科学	已毕业
88	2012级	陈文晓	专业学位硕士	中医骨伤科学	已毕业
89	2012级	王亮	专业学位硕士	中医骨伤科学	已毕业
90	2012级	范梦强	专业学位硕士	中医骨伤科学（八年制）	在校
91	2013级	彭冰	专业学位硕士	中医骨伤科学	已毕业
92	2013级	宋才渊	专业学位硕士	中医骨伤科学	已毕业
93	2013级	邹光翼	专业学位硕士	中医骨伤科学	已毕业
94	2013级	张圣扬	专业学位硕士	中医骨伤科学（八年制）	在校
95	2013级	黄加鑫	专业学位硕士	中医骨伤科学（八年制）	在校
96	2014级	张元斌	专业学位硕士	中医骨伤科学	已毕业
97	2014级	罗程	专业学位硕士	中医骨伤科学	已毕业
98	2014级	葛钦文	专业学位硕士	中医骨伤科学（八年制）	在校
99	2014级	徐辉辉	专业学位硕士	中医骨伤科学（八年制）	在校
100	2014级	朱海佳	专业学位硕士	中医骨伤科学（八年制）	在校
101	2014级	郑程	专业学位硕士	中医骨伤科学（八年制）	在校
102	2015级	刘魏	专业学位硕士	中医骨伤科学	已毕业
103	2015级	袁家骏	专业学位硕士	中医骨伤科学	已毕业
104	2015级	张舟	专业学位硕士	中医骨伤科学	已毕业
105	2015级	黄毅	专业学位硕士	中医骨伤科学	已毕业
106	2015级	孙风凡	专业学位硕士	中医骨伤科学	已毕业
107	2016级	江显俊	专业学位硕士	中医骨伤科学	已毕业
108	2016级	丁谷渊	专业学位硕士	中医骨伤科学	已毕业
109	2017级	宁源	专业学位硕士	中医骨伤科学	在校
110	2017级	范奕松	专业学位硕士	中医骨伤科学	在校
111	2017级	龚磊	专业学位硕士	中医骨伤科学	在校
112	2017级	蒋瑛翘	专业学位硕士	中医骨伤科学	在校

序号	年级	姓名	学位类别	专业	状态
113	2017 级	范奕松	专业学位硕士	中医骨伤科学	在校
114	2017 级	叶晓凌	专业学位硕士	中医骨伤科学	在校
115	2018 级	李少广	专业学位硕士	中医骨伤科学	在校
116	2018 级	张厚建	专业学位硕士	中医骨伤科学	在校
117	2018 级	顾勇	专业学位硕士	中医骨伤科学	在校
118	2018 级	赵艳明	专业学位硕士	中医骨伤科学	在校
119	2019 级	王彭禾	专业学位硕士	中医骨伤科学	在校
120	2019 级	胡国强	专业学位硕士	中医骨伤科学	在校
121	2019 级	汪小健	专业学位硕士	中医骨伤科学	在校
122	2019 级	童谦益	专业学位硕士	中医骨伤科学	在校
123	2009 级	黄凯	同等学力课程学习班	中医骨伤科学	已授予学位
124	2012 级	彭林	同等学力课程学习班	中医骨伤科学	已授予学位
125	2013 级	金星	同等学力课程学习班	中医骨伤科学	已授予学位
126	2013 级	吴刚	同等学力课程学习班	中医骨伤科学	已授予学位
127	2013 级	郑晓东	同等学力课程学习班	中医骨伤科学	已授予学位
128	2014 级	胡玉祥	同等学力课程学习班	中医骨伤科学	已授予学位
129	2015 级	吴震	同等学力课程学习班	中医骨伤科学	已授予学位
130	2015 级	郭随林	同等学力课程学习班	中医骨伤科学	已授予学位

表 4　指导基层名中医名单

序号	姓名	专业	所在单位
1	叶承锋	中医骨伤	桐庐县中医院
2	曾国习	中医骨伤	洞头县人民医院
3	邵强	中医骨伤	绍兴中心医院

第三节　医教研协同创新

一、教学垂范，身体力行

虽身兼数职，公务缠身，但肖氏并未因此而将教学工作等闲视之。在骨伤科的教学上，肖氏一直率先垂范、身体力行，即使在任大学校长期间，他也亲自承担课程的教学任务和建设任务。先后承担了中医伤科学、骨伤科手术学、中西医结合关节病学、骨伤研究进展等六门专业课程的教学任务，授课对象为全日制中医骨伤科学专业及中医学专业本科生、硕士生和博士生。主编了《中西医结合关节病学》等教材。作为副主编完成的《中医药高级丛书：骨伤科学》已经成为全国骨伤科医生的临床宝典，完成的《关节炎医师必备手册》《人工关节置换术并发症防治及术后康复》和《老年骨折的预防与治疗》等，也备受临床医生的关注。

作为负责人主持了国家中医药管理局"面向 21 世纪的中医教学媒体模式研究"课题，获得浙江省高等教育教学成果一等奖。并且将浙江中医药大学"中医伤科学"打造成为浙江省精品课程和国家级精品课程，培养了博士研究生、硕士研究生百余人。目前中医骨伤科学学科先后获得硕士研究生学位授予权和博士研究生学位授予权，是博士后流动站设站学科，并先后成为浙江省医学重点建设学科、浙江省教育厅重点扶持学科、浙江省中医药重点学科和国家中医药管理局重点学科。

二、学术创新，继承发展

肖氏临证经验丰富，但并不拘于此，且还不停地学习，真正做到了"活到老，学到老"。孙思邈的《大医精诚》中指出："故医方卜筮，艺能之难精者也。既非神授，何以得其幽微。世有愚者，读方三年，便谓天下无病可治；及治病三年，乃知天下无方可用。故学者必须博极医源，精勤不倦，不得道听途说，而言医道已了，深自误哉。"肖氏认为，"学医永无止境，要想做个名医、良医，必须向更多医林高手学习。"所以，肖氏常常以诚相见，虚心地向同行请教，虽然医务繁忙，但仍多用业余时间温课，不断完善自己。

在肖氏的带领下，浙江省中医骨伤科在临床、教学、科研水平都出现了长足的进步，但是肖氏始终清醒地看到，相比于上海中医药大学老校长施杞教授开创的引领中国骨伤科的学术梯队而言，在基础研究、后继学术梯队、与国外的交流沟通上，浙江省都有明显的不足。有鉴于此，肖氏立足本源从根抓起，在最艰苦的条件下，建立了浙江省中医骨伤研究所。三年后，研究所工作稍有起色，但是为了尽快与国际前沿接轨，肖氏在人员极为匮乏的条件下，毅然派人前往美国深造。同期成功引入相关学科数名博士和博士后，还顺利邀请到美国罗切斯特大学陈棣教授加盟，并于 2011 年组队申报成功获得浙江省自然科学基金一般项目 8 项、重点项目 1 项。在肖氏的带领下，浙江省骨伤研究所目前已经培养了 5 名博士后，近 200 名硕士、博士，在研究方向上已经细分成：细胞、分子、神经肌电、生物力学、组织病理等七个方向。浙江中医药大学的中医骨伤科学专业硕士、博士研究生在这里均获得很好的实验条件。肖氏还定期为他们举行课题申报、学术论文的评点，邀请名师为学生讲课，这大大夯实了浙江省骨伤科的专业基础。浙江省骨伤研究所目前在研有 10 余个国家自然科学基金、30 余个省部级课题，研究成果已经获省部级奖励 10 余项，主编及副主编的专著、教材近 10 部。浙江省骨伤研究所目前已经成为国家中医药管理局三级实验室、国家中医药管理局重点研究室，是浙江省中医骨伤的科研中心，科研水平处于国内同类研究机构前列。

在肖氏在指导学科建设的同时，自己也积极投身科学研究工作，作为负责人和指导人承担了多项国家级、省部级科研项目的研究工作，发表了多篇学术论文，开创了多个国内先例。国内首次运用基因芯片技术研究补肾助阳中药治疗激素性股骨头坏死的机制，国内首创旋股内动脉插管血管融通加多能干细胞治疗早期股骨头坏死。国内首先开展激素性股骨头坏死与肾阳虚、药毒的相关性研究，研究了"肾主骨"理论，提出了"药毒蚀骨"的致病学说和激素性股骨头坏死总属肾阳虚证的发病机制，并提出"从肾论治"的治疗法则。

在骨系细胞生物学研究方面，近年来，肖氏团队建立了完整的骨系细胞培养体系，包括成骨细胞、破骨细胞、软骨细胞、骨髓间质干细胞等；从分子水平寻找抑制破骨细胞活性的有效途径，首次利用 RNA 干扰技术和重组慢病毒技术研究右归饮抗骨吸收作用的分子机制；通过构建 ATP6i 慢病毒颗粒进行抗骨吸收研究；自行组建显微缩时电影技术开展骨细胞生物学研究；首次发现破骨细胞的逆分裂现象；首次发现 Smurf1（E3 连结酶）是成骨细胞的特异性转录因子，同时也是 BMP 信号传导通路的关键调控蛋白，对 Runx2 的降解具有重要调节作用；发现 Smurf1 诱导的 Runx2 降解是 BMP-Smad-Runx2 信号通路的负调控机制，发现 Smad6 与 Runx2 结合并增强 Smurf1 诱导的 Runx2 降解。相关成果获得浙江省科学技术奖一等奖。

在骨关节炎致病机制研究领域，肖氏的团队还建立了多种特异性转基因动物模型及含特异性报道基因的细胞株，如 β-catenin 条件性激活小鼠、Mmp13 条件性敲除小鼠、Bmp2 条件性敲除小鼠等 30 余种；并首次建立了在关节软骨细胞过表达 β-catenin 基因的转基因鼠，首次报道过表达 β-catenin

基因可诱发自发性骨性关节炎的发生。

而在中药新药的研究开发领域，肖氏团队利用分子生物学和药理学研究骨代谢和软骨代谢的调控机制，并从事中药和天然植物药的筛选及机制研究；相关中药的创新研究独具特色，已有多种医院制剂，如骨健口服液、三黄散瘀膏。其中骨健口服液用于治疗早期股骨头坏死，在临床取得较为可靠的疗效。同时研发中药新药芪参健骨颗粒、三黄散瘀巴布剂、补肾活血颗粒，其中巴布剂首次应用于骨科外用制剂，这些新药的开发将是股骨头坏死和骨质疏松症患者的福音。

肖鲁伟发言稿精选内容

一、《中医药就是中国的未来医学》

首先，我们谈到中医药与现代化，一些基本概念要搞清楚。什么是医学？什么是最好的医学？刚刚上一位专家讲得非常清楚。他讲了三个"一定不是"，后面跟着三个"一定是"。我讲中医药学，那什么是中医药，看似很简单，但事实上我们并没有很好地给它下一个完整的或者是准确的定义。

有的人把中医药叫作传统中国医药学，认为中医药就是传统的。"传统"的含义就有两种：一种是和时代割裂的，它就像博物馆里放着的一个展品，这就告诉我们，我们过去的中医药是这么一个表现形式，起到过这么一个作用。另外一种，它是发展的，根据时代的变化，科技的进步，不断有新的理念、新的理论、新的技术及新的作用。如果给它下一个定义，如果它是在中国发展的医学就叫中国医学。

到今天为止，我们把 1949 年作为中国医学的一个阶段，1949 年以前是国民党掌权，并没有对医学做一个非常清晰的分析。1949 年以后，一直到今天，新中国成立到现在将近 70 年，我们的医学有几个呢，有中医学，有西医学，还有中西医结合临床医学。我们还有医学会，如中华医学会、中华中医药学会和中国中西结合医学会等。

到底哪个代表中国医学呢？我试着给中医药下一个定义，中医药就是中国的未来医学，可能更合适些。

西医学，西学东渐，最开始是一个传教士进入中国舟山，到现在为止 300 多年历史，西医学也有在国内从小变大，从非主流医学变成主流医学的一个历程。中医药也由一枝独大，到慢慢变得由中医药学、西医学共同来参与服务中华民族的健康。300多年来，我们从引领世界医学的一个主流医学，发展到今天，应该有一个正确的定义。中华民族复兴之时，中医药学也应该复兴。中国的医学复兴它应该具备基本科学要素。

中国未来的医学，它是在中国这块土地上具有活力的发展医学。

2017年7月1号《中华人民共和国中医药法》（简称《中医药法》）正式实施，而实施这个法非常不容易。33年以前有专家向全国人大提出制定《中医药法》，《中医药法》第一稿有5位起草人，根据其中一人介绍，当时国家中医药管理局在全国选派了5位专家撰写第一稿，向全国人大提出要设立《中华人民共和国中医药法》。据这位专家描述，起草《中医药法》过程当中，他从年轻人变成了老年人，其中三位起草人离世，还有一位到了美国。而33年以后，我国《中医药法》出台了。

《中医药法》对中医的定义是：中医药是包括汉族和少数民族医药在内的我国各民族医药类统称，是反映中华民族对生命、健康和疾病的认识，具有悠久历史传统和独特理论及技术方法的医药学体系。

这个定义重不重要？固然重要！但更重要的是它在《中医药法》中是第一条。国务院法制办通过上报全国人大常委会审议时，全国民委提出意见，认为中医药是汉民族的，缺少少数民族医药。后经中央指示，中国56个民族，包括汉民族和少数民族，都是中华人民共和国重要的组成部分。

行业内，中医药界除了院士之外，最高的学术代表人物就是国医大师。国医大师孙光荣对中医理论颇有研究，他解读中医药有这么一段话：中医是中华民族原创的以天人合一、阴阳平衡基本理论为指导，以望、闻、问、切四诊为主要手段采集临床资料，通过四诊合参，运用辨证论治诊断疾病及证候，采用天然药物组方或非药物疗法，实施预防、治疗、保健的医学行为主体。中医药学是古代中华民族的主流医药学，是当代医药学的重要组成部分……

作为一名临床医生，所以非常希望中医药伴随着中华复兴梦实现，中医学能够引领世界医学的发展。

什么叫中医药，它发源于中华大地，具有深厚的中国文化底蕴和中国哲学烙印的自然科学属性。首先它是治病之学，是健康之学，它不仅仅有人文学科的属性，也不仅仅是有文化和哲学的属性。它最重要的属性是治病的学术。它是中华民族独特的生生之道，涵盖人生命的全过程。天人合一，道法自然，合和之中，与时俱进，开放、包容、化身蝶变的内在发展动力，是维护中华民族健康的主流医学。

中医药学应该具有以下这几个特征。

第一，它是中国独特的医学理论体系，就是我们所说的天人合一；第二，它不仅是治病之学，还体现了预防，即治未病的思想；第三，它是个性化的；第四，它是道法自然的；第五，它是简便的。归纳成这五个特色，很符合它的基本特征。

中医药发展的历史机遇，现在叫战略机遇。世界卫生组织（WHO）《迎接 21 世纪挑战》就提出了医学模式的改变，为什么要改变呢？国家认识到健康理念的改变，要有强有力的政策扶持和政策支持，因此国家从《中华人民共和国宪法》一直到《中医药法》，出台的一系列重要的政策，来扶持和支持中医药事业的发展。

中医药振兴发展迎来天时、地利、人和的大好时机，我们要切实把中医药这一祖先留给我们的宝贵财富继承好，发展好，利用好。

最好的案例就是屠呦呦教授，青蒿的功效不再是《肘后备急方》中简简单单的 20 多个字，书中对青蒿的描述仅提示其能对抗疟疾，有疗效，但这个疗效是不是最高，不是的，它要注入现代科技以后，才能挽救了几百万人的性命。

中医药的短板，从《中医药法》和《中国的中医药》白皮书上可以得出几个问题，这些问题不解决，中医药的发展也许是难的。要促进中医药发展，首先是要提高发展中医药的自信和自觉，相信祖上留给我们的是宝贵财富，是一个宝藏，要挖掘才能加以提高。第二，要明确对中医药未来发展方向和实现路径。第三，确立创新是最好的传承理念，实现创新驱动下的中医药发展。

中医发展的基础是做好传承，传承的最终目的是为了发展，发展的动力活力来自于创新。

二、《中医药传承与创新》

非常高兴来参加浙江省中医药学会西学中研究分会（筹）学术年会。西学中研究分会是一个非常特殊的分会，大家在浙江省各地的中医事业发展过程中出过力，流过汗，也见证了浙江省中医药事业取得的可喜成绩。在座的专家，有的是教授，有的是院领导，有的是医疗骨干，如果回到十年前，来看看我们的专业，看看我们的医院，看看我们的事业，大家一定会感到非常的庆幸，应该说对于浙江省中医事业，浙江省中医学术发展，浙江省人民健康，大家都是功臣。所以，我们筹建了西学中研究分会，继续把大家汇聚在一起，共同交流切磋。不管我们今后在什么岗位，不管我们的兴趣与爱好在什么地方，中医药已经把我们紧紧地联系在一起，我非常高兴，也感到温暖，非常感谢大家。

根据会议要求，今天我来讲讲《中医药的传承与创新》，和大家一起分享在中医药传承与发展上的几点想法。

（一）何为中医药？

何为"中医"？这个问题，我问过很多专家。《汉书·艺文志》上有提到："有病不治，常得中医"。在医学水平的高低上，有"上医，中医，下医"之说法。但是，这些和我们今天所讲的"中医"不是一回事，"中医"这个名词的意义和定义是随着时代的演变而变化。那么，到底什么是"中医"？我觉得对于学中医的人来说，应该梳理清楚。

什么是"中华民族"？我们原来叫炎黄子孙，什么时候出现的中华民族？中华民族的定义是什么？中华民族的定义和中医有什么关系？在网上我搜到了各种各样的回答。作为中医人，也应该清楚地知道，中国的医学，应该是中华民族的医学。中华民族的医学不是过去的、传统的、经典的中医药学，也一定不是现在这种模式的中医，中华民族实现伟大复兴的时候，一定有一个代表中国医学的名称。中国未来的医学应该属于中医，这个中医不是今天给中医的定义，而是更广泛，更具有时代特征，更能代表中国医学水平的，是引领医学发展的，在中华民族复兴过程中医学复兴的代表。

《中医药法》对中医药的定义为：中医药是包括汉族和少数民族医药在内的我国各民族医药类统称，是反映中华民族对生命、健康和疾病的认识，具有悠久历史传统和独特理论及技术方法的医药学体系。

国医大师孙光荣对"中医药"是这样定义的：中医是中华民族原创的以天人合一、阴阳平衡基本理论为指导，以望、闻、问、切四诊为主要手段采集临床资料，通过四诊合参，运用辨证论治诊断疾病及证候，采用天然药物组方或非药物疗法，实施预防、治疗、保健的医学行为主体。中医药学是古代中华民族的主流医药学，是当代医药学的重要组成部分，是中华民族医药学行为人在认识自然，认识生命，防治疾病与卫生保健活动中原创应用，传承发展的医药学体系。我觉得其中最重要的一句话是"中医药学是古代中华民族的主流医药学，是当代医药学的重要组成部分"。

我对中医药学有一个概念，不知道准不准确，供大家参考与批评。我认为，中国医药，发源于中华大地，具有深厚的中国文化底蕴和中国哲学烙印的自然科学属性，是中华民族独特的生生之道，涵盖人生命的全过程。天人合一，道法自然，和合致中，与时俱进，具有传承、开放、包容、化身蝶变的内在发展动力，是维护中华民族健康的主流医学。

（二）中医药发展的历史机遇

中医药的发展目前遇到了最好的历史时期。1996 年 WHO 在《迎接 21 世纪挑战》中提出了一些观点，医学模式及重点的转移——从疾病医学向健康医学发展，从重治疗向重预防发展，从对病源的对抗治疗向整体治疗发展，从对病灶的改善向重视生态环境改善发展，从生物治疗向心身综合治疗发展，从强调医生作用向重视病人自我保健发展，从以疾病为中心向以病人为中心发展。WHO 认为现代医学单纯的生物医学模式已经走到了尽头，虽然取得了巨大的成绩，但是再往下走难度很大。因此，医改是世界性的，因为社会经济发展有限，而人类对健康的追求是无限的。

在《中医药法》出台以前，中央采取了一系列扶持发展中医药的政策。在全国健康与卫生大会上，第一次把健康和卫生联系在了一起，首次提出了大健康、大卫生的观点。

（三）创新是中医药发展的动力与活力

创新，是我们中医药发展的动力与活力。如果没有创新，仅仅是单纯的传承，近亲繁殖，那将是一代不如一代。而现代科技进步和现代医学为中医药发展提供了丰富的科学元素，不要拒绝现代科技，更不要拒绝现代医学。我们讲的最多的是担心中医西化，但我认为应该是担心西医中化。现代医学和现代科技的进步完全可以成为我们中医药学的重要组成部分。

发现青蒿素治疟疾的新疗法获得诺贝尔奖就是很好的例子，现代科技给中草药赋予了新的生命。另外，人工智能如沃森肿瘤、达芬奇手术机器人、大数据的收集和分析技术等，如果我们能把这些现代科技融入中医药中，就会成为中医药发展的动力，那我们一定会得到了不起的发展。

（四）中医药存在的问题与中医药发展的关键

中医药也还存在着一些问题，这里我收集了八条，分别是：中医药特色优势逐渐淡化；中医药服务领域趋于萎缩；中医药专家学术思想与经验得不到传承；中医特色诊疗技术、方法濒临失传；中医药理论和技术方法创新不足；中医中药发展不协调；野生中药资源破坏严重；中医药发展基础条件差、人才匮乏。

如果把这八条归结起来，我们就能发现三条中医药发展的关键。

首先，我们要提高发展中医药，实现中医药现代化的自信自觉。我们要相信它，在相信的基础上去应用它，在应用的过程中再发现其不足，然后以问题为导向，加以整改，促进发展。

第二，我觉得要明晰中医药未来发展方向和实现途径。例如，中医药现代化到底是怎么样的？中西医关系怎么处理？最后中国医学到底是一个怎么样的模式？

第三，确立创新是最好的传承理念，实现创新驱动下的中医药发展。一个学科只有开放、包容、创新，才有活力和动力。中医药应该在解决人民健康问题中，保持自己的优势和特色，融合其他学科进行更好的发展。

中医药发展的基础是做好传承，传承的最终目的是为了发展，发展的动力和活力来自创新。

三、《振兴中医外科，当代人的历史使命》

外科是一个急需振兴的学科，我们这些人就是中医外科振兴的基因，就是中医外科发展的力量。下面我来谈谈我的观点。

（一）现在是发展中医药的最佳历史机遇期

为什么说是发展中医药的最佳时期？第一，因为国家重视。中医药学是中国古代科学的瑰宝，是打开中华文明宝库的钥匙。中医药振兴发展迎来天时、地利、人和的大好时机。

中央对中医药有一个非常明确的定位：就是在治未病中的主导作用，在治疗重大疾病中的协同作用，以及在疾病康复过程中的核心作用。到2030年，中医药的三个作用要得到充分发挥。

中医药有五大资源之说：就是"独特的卫生资源、潜力巨大的经济资源、具有原创优势的科技资源、优秀的文化资源和重要的生态资源"，一定会在中医药发展的过程中体现出五大资源的优势。

还要牢固树立创新、协调、绿色、开放、共享发展理念。

国家给我们指明了一个很好的发展目标。中医现代化的目标是建立现代化的中医理论体系，就是要脱胎于传统中医学。以现代科学理念和应用现代科学技术，研究阐明人体健康与疾病及其防治规律的理论，包括现代生命科学和现代医学相通的成长中的新兴中医学。这里是两个问题：第一个问题就是我们要把中医学从古代的科学瑰宝变成现代的科学瑰宝；第二个问题是怎么变？要把现代技术与现代科学包括现代生命科学和现代医学相通的成长中的新型中医学科结合起来。

（二）中医外科的内涵与特点

中医外科的俞跗，是个传说中的人。"上古之时，医有俞跗，治病不以汤液醴酒，镵石挢引，按扤毒熨，一拨见病之气，因五藏之输，乃割皮解肌，诀脉结筋，搦髓脑，揲荒爪幕，湔浣肠胃，漱涤五藏，炼精易形。"把内科和外科区分得很清楚，药食不能到的就要借助手术，要打开人体的黑箱，要动脑袋、动骨髓、动胃肠，这个才叫真正的外科。

人们常说，华佗在世，扁鹊在世，赞颂的都是他的雕虫小技。这两位名医都是由于医术高超，引起同行嫉妒，被诬告，借皇帝之手被杀。因此，外科被轻视不是现在才有，而在临床上外科风险最大。

扁鹊确有其人，但并不像书上写的那样。有本小说叫《行尸横野》，第三十卷讲到了扁鹊的神话故事。扁鹊在荒野里看到一个人死在边上，他认为这个人刚死，还能救活。这时跑过来一只狼，他把这只狼杀掉，把狼心放到人身上，把人心换下来；跑过来一条狗，他把狗的肺拿过来放到人身上。后来这个人活过来了，抓住扁鹊说，他的钱丢了，是扁鹊趁他睡着了，把他的钱偷了。于是告到官府，官府也认定是这么回事。扁鹊说："我救了他，他的身上是狼心狗肺，你信不信，打开看看。"一看，身上刀口都在。那位狼心狗肺的人说："打开了，我又要死了。"于是他连忙求饶，谢过扁鹊。

关于外科，华佗就讲得非常清楚，"病若在肠中，便断肠湔洗，缝腹膏摩，四五日，瘥，不痛，人亦不自寤，一月之间，即平复矣。"人称"华佗在世"。

我这里罗列了一些不同年代有记载的，在外科方面有贡献的真人真事。从西汉开始，华佗、葛洪、龚庆宣、巢元方、蔺道人、王肯堂、申斗恒、陈实功、孙志宏、顾世澄。那他们的外科精髓为什么没有传下来，或者没有发扬光大？

我把《中国中医药学科史》对近代中医外科的表述和对当代中医外科的表述进行了比较。

中国医学史分成六个时期：上古时期、汉、宋金、明清、近代、当代。就从文字上来说，上古很多，宋金、明清也很多，到了近代、当代就很少了。近代中医外科定义为"外科学是中医学的重要临床学科""内容丰富""包括外科感染、皮肤病、肛门直肠疾病、乳房病、甲状腺疾病、肿瘤、男性病及性传播疾病，外伤及周围血管病等。在历史上，跌打损伤，金刃刀伤、眼、耳、鼻、喉、口腔都属于外科范围，由于医学的发展，分工愈来愈细，以上各部位疾病都先后发展、分化成了独立专科。"我觉得后面这句话似乎是多余的，大外科再分依然是外科。

上面这些内容能不能包括现代外科的全部？是不是能把外科的特色充分反映？那么我们再看看当代外科，它内容"包括疮疡、乳房病、瘿、瘤、岩、肛门直肠疾病、甲状腺疾病、肿瘤、男性前阴病、外伤性疾病与周围血管病等"，后面一句话就一样了，"由于医学的发展，分工愈来愈细，以上各部位疾病都先后发展、分化成了独立专科。"又重复了这句话。外科取得了这么多成就，尽管是零散、碎片化的，但也付出了很多的努力，可在当代中医外科的表述上却没有任何体现。

从关公刮毒、华佗麻沸散开始，到白求恩，然后到现代机器人，外科的特征都是非常清楚的。

中医骨伤科的定义为特色鲜明、优势突出、手法与手术、内治与外治相结合，这就是中医骨伤科总结出来的。中医骨伤科是中医外科的二级分支，外科应该站得更高，有更准确的学术定位。

看《黄家驷外科学》（一版至七版），每5～10年要修订一次，把外科学的发展内容，在新一版中都会增加进去。这本书的第一版只有四个章节，到了第七版内容就相当丰富了。现代外科，从来不会因为成立了二级分科、三级分科，就不叫外科了，都还是在外科这个大家庭当中。外科的特点、优势、基础理论是一样的，它是有别于内科的。现代外科学体系，有神经外科、心胸外科、胃肠外科、泌尿外科、骨外科、血管外科、整形外科、矫形外科、腹部外科、肝胆外科、颌面外科等，这个还可以继续分化下去。分化的过程当中，它与内科的界限有时是模糊的，比如消化道腔镜黏膜下肿瘤的切除，就是消化内科医生做的；血管的介入治疗现在就属于血管内科了。但是，外科的属性并没有根本的变化。

所以，我认为，外科与医学起源同步，在医学发展中形成鲜明特点，手术是外科的重要组成部分，其确切的定义和学术范围与时俱进，不断分化和延伸，中医外科的内涵远远大于手术及其技巧，更重要的是在中医理论指导下的整体观念和辨证论治。

（三）制约中医外科发展的瓶颈是理念

外科的发展，无论是理论，还是实践，空间非常大。制约中医外科发展的瓶颈不是技术问题，而是发展理念。

国家已经提出，到2035年实现基本现代化，到2050年实现现代化强国的目标。到那时候，我设想一下，是中医现代化还是西医现代化？我想，那一定是中国医学现代化。

优势和能力，谁更重要？能力更重要。但是，没有特色优势，就不需要建设中医院，不需要发展中医药。这段话阐述了传承与创新的关系，指明了中医药发展的方针和发展的方向。

"尊古从今"，对古人要尊重，要把它的科学内涵给提炼出来；但更重要的是，当代人做当代人的事情，一代人做一代人的事情。

要正确处理好中西医之间的关系。大家知道中医和西医最大的差别，就是临床思维不同。我们承认存在差异，要尊重彼此的研究，然后通过交流，寻求维护健康的最佳方案。把人家的短处和你的长处比，或把你的短处和人家的长处比，怎么比呢？因此，要坚持中西医并重。对待现代科技、现代医学，要用开放、包容的心态。文明因交流而多彩，文明因互鉴而丰富。我们要担当起中医现代化的历史重任。

四、《国运与国医》

1986年前后，在金华市政府范秘书长和唐亮院长的陪同下，我和时任浙江省中医药管理局于诗俊局长跨过婺江来到今天的金华市中医医院的所在地，当时这里没有房子，就是一片原野。我和于局长当时心存顾虑，中医院怎么能建在这里呢？从那以后我就记住了这里，而且这里给我留下了深刻的印象。后来，浙江中医药大学也和金华市中医医院一样，跨过了钱塘江，在一片近乎荒野的地方建立起了新校区并蓬勃发展。因此我对原野有特殊的情感，同时也希望我们伟大的中医药事业、浙江中医药大学、金华市中医医院都能够在希望的原野上茁壮成长。

为什么选这个题目？因为"国运与国医"涉及国家"两个一百年"奋斗目标。中国医学不可能永远存在中医、西医、中西医结合这三条道路。

原来中国医学只叫作国医，随着西方医学的引入，为了区分两种不同起源的医学，才有了中医这么一个称呼。随着国家兴旺复兴，中国医学也一定随之兴旺复兴。到了那时候，不可能说中医复兴了，西医复兴了，必须有一个统一的名称，我想中国医学（国医）可能就是一个好的名称。所以，我把今天讲课的题目叫作《国运与国医》。我将从以下四个方面与大家进行交流。

（一）新时代国运昌盛

中国特色社会主义进入了新的时代，新的时代就有新的目标、任务及方向，我们所要做的就是朝着这个目标坚定不移地走下去。

（二）历史上最好的中医发展机遇

这里我引用了一张屠呦呦领取诺贝尔奖现场的照片（图25），这张照片告诉我们两个信号。第一，世界很关注中医药。大家都知道，到目前为止，获得诺贝尔科学奖项的中国本土科学家仅此一位。第二，告诉我们，中医药该怎么发展。对于这个奖项，在国内的学术界，包括中医界，存在着两种声音，一种认为这是中医药的伟大成就；另一种认为这不是中医药，这是植物药有效成分的提取。这是两种对立的声音。但是，屠呦呦讲，青蒿素的发现是传统中医献给世界的礼物。屠呦呦认为这是中医药的伟大成果。有位中医大家对此表示："青蒿是一株不起眼的小草，都说三月茵陈治黄痨，四月青蒿当柴烧。但是青蒿素是一个宝，一株小草经过科学的提炼得到青蒿素，救了几百万人的生命，最后获得诺贝尔奖。"这就很好地印证了，中医药学是中国古代科学的瑰宝，应充分发挥中医药的独特优势，推进中医药现代化。

（三）中医发展现状

我们都熟悉王琦国医大师，他所创建的中医体质学是当代中医发展的一个标志性成果。他最近对中医发展现状给出了这样的评价，他说："五年来，中央层面涉及中医药的文件有80多份，31个省、市、自治区促进中医药发展的文件达到了110多份。中央财政投资约400亿元支持中医药系统基础设施和服务能力建设，又出台了《中医药法》，发布了《中国的中医药》白皮书。

图 25　屠呦呦获诺贝尔奖

现在有这么好的外部环境，而我们的发展并不理想，中医人要给自己辨证论治，要看到自己的痛点，反思自己。中医的特色优势逐渐淡化，服务领域区域萎缩，老中医专家很多学术思想的经验得不到传承；我国中医药资源总量仍然不足，中医药服务领域出现萎缩现象，基层中医药服务能力薄弱，发展规模和水平还不能满足人民群众健康需求；中医药高层次人才缺乏，继承不足、创新不够"。

我认为王琦教授讲得非常有道理，跟以前相比，中医药事业确实发展了，但是跟中医药目前所处的地位（作为"打开中华文明的钥匙"，健康中国建设的主要力量）相比还远远不够。

在 2017 年全国中医药工作会议上，王国强部长提出了中医药的"三大作用"，分别是：在治未病中的主导作用，在治疗重大疾病中的协同作用，以及在疾病康复过程中的核心作用。我们可以很清楚地看到，在治疗重大疾病这个医院最主要战场上，中医只是协同作用。从理论上讲，中医有优势，有特色，有中国文化的底蕴，应该是主导作用，而那些外来文化，现代科技的进步，理应成为我们的营养。正如《礼记》上所说："知不足，而后能自反；

知困，然后能自强也。"我们经常讲中医药发展要突出优势，突出特色，却忘记了最重要的一条，那就是突出能力。医院最需要加强的应该是常见病、多发病、疑难病、危重病的救治，而中医的养生文化以及预防思想，在《中医药法》上都讲得非常清楚，也已经融入了老百姓的日常生活中，关于这点，在浙江省中医药学会所做的"民间郎中"、百岁老人调研中已经得到了充分印证。医院最需要解决的应该是大家所关注的，如慢性疾病的预防救治。据报道数据显示，中国高血压患者人数超 2.7 亿，糖尿病及糖尿病"后备军"将近 4 亿，还有肿瘤、心脑血管疾病等。所以说，中医院要解决的，就是提高常见病、多发病、疑难病、危重症的治疗水平，在这个基础上体现我们的优势与特色。

（四）中医复兴之魂源自文化自信

说起中国文化，我认为可以分为三个层次：第一层次是大道至简的"道"，第二个层次是"仁"，第三个层次是"术"，分为形而上学和形而下学。形而上学的文化是至高无上的，当代绝大部分的科学都能从形而上学中找到发展依据，比如现代所说的循证医学、个体化医疗就能在中医辨证论治上找到依据。科学的进步与发展是第三层次——"术"的发展，无论"术"怎么发展，都离不开最顶层的"道"。

现在经常讲，要坚定文化自信，为什么要坚定文化自信？因为对于一个国家、一个民族来说，文化的丢失、文化的不自信是最危险的。假如有一天中国文化、中华文明没有了，那中医这把打开中华文明的钥匙也就失去了作用，它打开的将会是一所博物馆，而不再是一个活生生的现实世界。反过来说，中医复兴的关键，就在于文化自信。

中医为什么会走到今天这个地步？我认为有着深刻的历史原因。在新文化运动期间，所谓的知识分子们总结了中国戊戌变法失败和日本明治维新成功的原因，进行了对比，与我们中医直接相关的就是日本明治维新中取消汉医的行为，直接促成了大批留日医学生的涌现，在客观上造就了一批废止中医思想的代表人物。由他们所带来的一系列事件导致了中医药文化受到冲击，将中医药这个作为中国文化在科学界的典型代表进行了攻击，导致在中医药发展过程中出现了很多杂音。我们从来没听过要取消西医或者质疑西医，这是为什么？所以，我们中医人要进行反思，到底有没有经验？有没有教训？我们自身做的怎么样？这是非常重要的。

中医与西医的关系可以概括为三个一百年，首先是中医经历了痛苦的一百年，什么叫痛苦？原来没有西医，中医"一统天下"，长期担负着繁荣昌盛中华民族的大任。西医引进以后，我们并没有排斥西医。中国第一所中医院校——黄墙朱氏私立中国医药学校，也就是张山雷第一个工作的地方，尽管它只存在了两年，但是它的课程设计已经把当时能够收集到的现代医学知识融入了进去。张山雷到兰溪办学时，他的教学计划里面已经有了生理学、解剖学、病理学、药理学等内容。还有创建于1885的瑞安利济医学堂，它的教学大纲和教材里面也有了生理学、病理学、解剖学、药理学等。在现代医学进来之初，我们的先贤们是以非常高的热情接纳了它们，希望把这些知识融入中医的知识体系当中。马克思列宁主义来到中国，在中国生根开花，形成中国特色社会主义。现代医学为什么就不可以？反而是随着发展，产生了中西医之争，并逐步升级为科学之争。有一部分人就认为中医不科学，应该被淘汰，这些声音的发出让中医人自己对中医的信心越来越弱，才有了我们的百年之痛。如果我们一直以来能够按照张山雷这些老前辈那样，以高度的热情拥抱现代科技，将它的进步与中医相融合，我想一定不会像现在这样产生出两种医学体系。

第二个百年是中医探索的百年。新中国成立以来，中医走过了很长的探索之路，到目前为止，我们仍然在探索中医之路。最近，国家采取强强联手的方法，非常符合当前中医发展方向，就是把中医与西医两者最好的力量集中起来，共同解决当前的疑难病、危重症。比如风湿免疫病，范永升教授的研究团队与北京协和医院，由政府出面，进行专家结对，共同研究疾病的治疗。《中国中医药报》前段时间发表的《用中西医临床协同思维解决重大疑难疾病》一文表示，要中西医协同创造中国最完美的医学拿出综合方案来解决健康中国的问题，为世界做出一个榜样。

第三个百年就是百年之梦。到2021年决胜小康的时候，我们的医学也许还处于中西医并重的阶段。但是到了中华人民共和国成立一百周年的时候，我认为，医学应该已形成具有中国特色的医学体系，这样才能站在潮头，引领世界。《中医药法》等文件内容均要求，要继承好传统，要积极利用现代科学技术，促进中医药理论和实践的发展，推进中医药现代化。这是一个伟大的时代，伟大的时代要有伟大的事业，伟大的事业一定有一个伟大的目标，我们中医药人的目标就是中医药现代化。让我们中医重新成为中国医学中的主流医学！以上，是我对中医现代化的理解。

最后，希望我们中医人不忘初心，牢记使命。既要保持传统与优势，又要站在巨人的肩膀上，干出一番新的事业。谢谢大家！

五、《朱丹溪——浙派中医的骄傲》

大家上午好！非常高兴浙江省中医药学会丹溪学派研究分会于昨天晚上正式成立，受沈堂彪主任委员的邀请，今天在这里和大家做一个分享发言。我将原来的题目做了一些修改，原来是《朱丹溪的历史地位和学术贡献》，但是今天在座的都是丹溪学派研究分会的委员，是丹溪学说的研究者，一定比我对朱丹溪的历史地位和学术思理解得更加深刻，所以我把我的题目改成了《朱丹溪——浙派中医的骄傲》。

我认为，如果要在千百年来中国中医药史上选出在历史节点上有巨大贡献的前十位医家，朱丹溪一定算一个。他的历史贡献可以总结成两句话，那就是："儒之门户分于宋，医之门户分于金元。"这句话出自于《四库全书》，我们都知道，《四库全书》是在乾隆皇帝主持下，由纪晓岚等 360 多位高官、学者编撰，3800 多人抄写，耗时 13 年编成的丛书，共有 3500 多册。为了方便皇帝阅览，纪晓岚等人又特意写了一本《四库全书总目提要》，当中就提到了"儒之门户分于宋，医之门户分于金元"。

对于前半句，我们都知道，儒释道是中华文化的三大支柱，儒家文化便是其中之一。千百年来，儒家文化经历了多次的大起大落，其中最著名的就是秦代所发生的"焚书坑儒"以及汉代的"独尊儒术"两个事件。而到了宋朝，经过长时间历史的演变，中国文化进入了历史中的丰盛时期，形成了儒、释、道合一的新思想体系，产生了理学、心学这些新的儒学思想，因此，称之为"儒之门户分于宋"。

后半句所说的"医之门户分于金元"，并不是指金元四大家的学派之争，而是：一为朱丹溪的学术思想与官方的《太平惠民和剂局方》之争，《太平惠民和剂局方》作为官方主持编撰的成药标准，在当时是所有医家行医的标准与指南，而朱丹溪所提出的"阳有余阴不足论"，汲取了宋代理学思想，对《太平惠民和剂局方》提出了质疑，产生了不同的医之门户；二为刘河间的河间学派与张洁古的易水学派二者之争。在金元四大家时期，学术氛围相对宽松，形成了百花齐放的局面，各种学术思想在这个时候兴起，金元四大家便是当时医学中各种学术思想的杰出代表，但归根结底是两个学派，一个叫易水学派，一个叫河间学派，是对火热病症的进一步深入。从刘完素的寒凉派所提倡的"热者寒之";到以张从正为代表的攻下派主张的"病由邪生，邪去则正安"；再到李东垣的补土派倡导的"人以脾胃，中气为本"，提出了"中气""阴火"的概念；最后到朱丹溪所主张的"阴虚发热"，提出了滋阴去火，形成了以他为代表的滋阴派。

（一）丹溪的学术思想

朱丹溪36岁开始学医，40岁从医，曾拜著名钱塘医家罗知悌为师。罗知悌是刘河间的再传弟子，朱丹溪作为河间学派的三传弟子，他实际上继承了刘河间的学术思想，同时提出了新的学术思想。首先是"阳有余阴不足论"，这是他运用天人相应的理论，通过分析自然界的现象以及人体生理特点所得出的结论，并用大量的医案加以说明。我这里用了一张太阳和月亮的对比图，我们看到太阳总是圆的，而月亮却有阴晴圆缺。朱丹溪通过这个理论来解释一些生理、病理以及养生之道。

朱丹溪的第二个学术思想就是动静观，也就是阴阳平衡观，《素问·生气通天论》中记载："阴平阳秘，精神乃治"，阴阳失衡，那就导致了疾病发生。《素问·天元纪大论》也提到"物生谓之化，物极谓之变"。朱丹溪就说"人有此生，亦恒于动""人之疾病亦生于动，其动之极也，病而死矣"。所以他在治病的过程中，非常关注阴阳动静之间的平衡。

第三个学术思想就是相火论。大家知道古人认为君火、相火在人体内发挥着重要作用。相火一词，出自《素问·天元纪大论》："君火以明，相火以位"。相火论的特点就是内阴而外阳，朱丹溪作为滋阴派的代表人物，更看重的是内在的阴精，他认为阳仅仅是外象，在治疗疾病的过程中需要观外而查内。

（二）丹溪的学术贡献

下面我想谈谈丹溪的学术贡献。首先，我认为非常值得大家学习的是丹溪的"授业而不拘一格"。朱丹溪先习儒学，后因母亲重病，访求名医，但是都未能治好他母亲的疾病。从此，朱丹溪从儒转医，研习医道，拜了许多位老师，最著名的一位就是刘完素的再传弟子罗知悌，最终学有所成，成为融诸家之长为一体的一代名医。他给我们的第一点启示就是学医不能够"从一而终"，而是要像孔子所说的那样："三人行，必有我师"，多向不同的名医大家学习。师承模式仅仅是一种学医方式，如果都能够通过师承来培养医师，那我们就不需要院校教育了。

朱丹溪的第一个学术贡献就告诉我们成才之路需要多拜师，做到集百家之长。我向大家报告一下，我拜过很多位老师，中国中医研究院的几位老先生我都跟过门诊、抄过方，他们每个人都有自己的特色和亮点，用药的特色和思辨的方法都有所不同。

朱丹溪的第二个学术贡献是"博学而明察异同"。我们刚才说朱丹溪拜过多为老师，同时他也会很好地总结他们之间的差异，并结合临床，得出自己的心得体会。

朱丹溪的第三个贡献，是善于著书立传，著有《格致余论》《局方发挥》《丹溪心法》等。大家不要小看著书立传，能有所悟，继而著书立说，这个书又能够被大家所认同，那是非常不容易。我们说师带徒，带一个是一个，带十个是十个，不可能带无数个，但是书可以把学术思想代代相传。

（三）丹溪学术对当今启示

就对中医发展的贡献来说，我们在座的各位比不过朱丹溪、张景岳、杨继洲等这些古代先贤们，因为他们都在中医发展的历史关头作出重大贡献。但是，单单从诊疗技术上来说，在座任何一个人都比他们强。因为我们现在所拥有的知识面更广，现代的科学技术水平更为发达。我们今天谈学习朱丹溪，最需要学习的就是范永升教授所总结的"浙派中医"中"守正出新"的特色。我们要找到丹溪学术思想的灵魂，研究丹溪方在现代疾病治疗当中的作用和机制，而不是刻舟求剑、胶柱鼓瑟。这样我们才能真正地做到站在巨人的肩膀上。

随着《中医药法》的颁布，中医药受到了空前的保护，现在再也没有人能够公然地反对中医。除此以外，国家还出了一系列的政策，来扶持促进中医药，如《中国的中医药》白皮书、《中医药发展战略规划纲要（2016-2030年）》等，最近国家中医药管理局又推出《我们的中医药》宣传片，这些都体现了党和国家高度重视中医药发展的主导思想。充分发挥中医药的独特优势，推进中医药现代化。也就是说我国已经把中医药发展的方向指向了中医现代化。我们应该做好中医在长期实践中的理论总结，让中医药在理论指导下，走向现代化。要把中医药这一祖先留给我们的宝贵财富继承好、发展好、利用好。

现代的 B 超、CT、磁共振能得以实现，是因为许许多多的现代科技引入到医学领域后，新的医学都颠覆了我们以往的认知。如果我们把现代医学中各种各样有用的东西引入，同时保持优势特色，保持既有的能力，这就是站在了巨人肩膀上。我认为这是学习朱丹溪思想过程中的重要理念环节。

伟大的时代应该有伟大时代的标志，金元时期诞生了金元四大家，那么，当今的新时代应该诞生新医学，而这个要靠大家的努力。

（以上发言稿由浙江省中医药学会提供，经过删减而成）

大 事 概 览

1975 年，黑龙江中医学院毕业，任职黑龙江佳木斯中医学校

1979 年，浙江中医学院附属医院骨伤科医生

1984 年，任浙江中医学院附属医院办公室副主任

1986 年，任浙江中医学院附属医院党委副书记、副院长

1992 年，任浙江中医学院附属医院党委书记、院长

1993 年，任浙江中医学院副院长

1994 年，晋升为浙江省中医院副主任中医师

1995 年，任浙江中医学院院长

1998 年，经浙江省学位委员会评审通过成为浙江中医药学院第一批硕士研究生导师

2000 年，晋升为浙江省中医院主任中医师

2001 年，副主编《骨伤科学·上、下册》，主编《中医社区医疗与保健》

2003 年，主编《关节炎医师必备手册》

2004 年，经浙江省学位委员会评审通过成为浙江中医学院第五批博士研究生导师，同年主编《礵石集·第 7 集·著名中医学家经验传薪》

2005 年，副主编《中医伤科学》

2006 年，任浙江中医药大学校长，主编《浙江省中医（中西医结合）单病种诊疗规范》

2008 年，评选为浙江省名中医，同时获我国首届"全国名老中医"荣誉称号，主编《老年骨折的预防和治疗》

2009 年，第四批全国老中医药专家学术经验继承工作指导老师

2011 年，副主编《复杂人工膝关节置换》

2018 年，评选为浙江省第二批国医名师

附录三

学术传承脉络

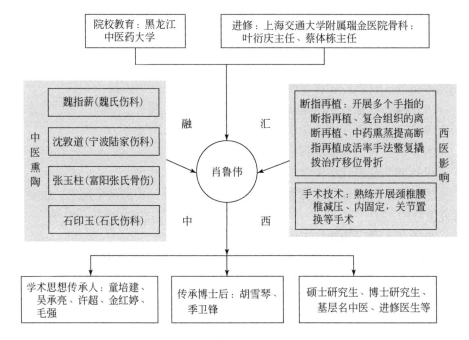

院校教育：黑龙江中医药大学

进修：上海交通大学附属瑞金医院骨科：叶衍庆主任、蔡体栋主任

魏指薪(魏氏伤科)

沈敦道(宁波陆家伤科)

张玉柱(富阳张氏骨伤)

石印玉(石氏伤科)

中医熏陶

融汇中西

肖鲁伟

断指再植：开展多个手指的断指再植、复合组织的离断再植、中药熏蒸提高断指再植成活率手法整复撬拨治疗移位骨折

手术技术：熟练开展颈椎腰椎减压、内固定，关节置换等手术

西医影响

学术思想传承人：童培建、吴承亮、许超、金红婷、毛强

传承博士后：胡雪琴、季卫锋

硕士研究生、博士研究生、基层名中医、进修医生等